Helga Heits · Erika John

Unterrichtsarbeit an der Schule für Geistigbehinderte

Planung Durchführung und Analyse

EDITION MARHOLD

2., übcrarbeitete Auflage

im Wissenschaftsverlag Volker Spiess
Satz: Volker Spiess, Berlin
Druck und Verarbeitung: WB-Druck, Rieden
ISBN 3-89166-156-8

Vorwort

Die Absicht dieses Buches ist die Vorstellung eines Konzepts für die gemeinsame Unterrichtung von Schülern unterschiedlicher Entwicklungs- und Lernniveaus innerhalb ganzheitlicher und projektorientierter Unterrichtsarbeit. Ein solchermaßen ganzheitliches Lernen erfordert einserseits die Einbeziehung vielfältiger Methoden und Ansätze und andererseits deren vorausgehende Reflexion. Deshalb ist zunächst eine Klärung von Methoden und pädagogischen Ansätzen geboten, die gleichzeitig eine kritische Auseinandersetzung mit der aktuellen Situation an der Schule für Geistigbehinderte wie auch mit deren Lehrplänen erfordert.

Unter der Prämisse des ganzheitlichen Lernens werden einzelne pädagogische Ansätze kritisch hinterfragt. Der möglichen Bereitschaft zu einem unreflektierten Methodeneklektizismus soll mit einer nachdrücklichen Problematisierung additiver Methodenvielfalt entgegengewirkt und auf mögliche positive Verknüpfungsmodelle aufmerksam gemacht werden. Der erste Teil der zweiten Auflage unseres Buches, der sich mit diesem Thema auseinandersetzt, wurde völlig neu erarbeitet und die ausschließlich praxisbetonte erste Auflage des Buches von 1980 u.a. um diesen Theorieteil erweitert. In diesem Zusammenhang wird „Sonderbeschulung" mit intendierter Überwindung traditioneller Orientierung kritisch hinterfragt, beinhaltet dieser Terminus doch gesellschaftliche Isolierung, was einer allumfassenden Persönlichkeitsentwicklung entgegensteht. Das Gegenteil aber sollte wirksam werden: Keine Isolierung, sondern ganzheitliche Förderung und Erziehung unserer Schüler als gleichwertig mit gleichen Ansprüchen auf optimale Lebensqualität in selbstverständlichen Lern- und Lebenszusammenhängen mit anderen.

Das zweite Kapitel enthält Anregungen und Hilfestellungen für eine effektive Unterrichtarbeit.

Der Zusammenhang zwischen lang-, mittel- und kurzfristigen Planungen wird im Rahmen der Projektierung deutlich gemacht. Hierzu gehören zahlreiche Anwendungsbeispiele für die Erstellung von Jahres-, Arbeits-, Förder- und Wochenplänen. Die Anlage der Schülerkartei wird ebenfalls ausführlich erläutert. Die Einbindung einer Unterrichtsstunde in dieses Gesamtkonzept der Unterrichtsplanung wird herausgestellt. Dabei wird auf einen handlungsorientierten Unterricht Wert gelegt. Drei Beispiele sind auf Klassen mit einem Anteil schwerstmehrfachbehinderter Schüler bezogen. Es wird nachgewiesen, daß eine gemeinsame Unterrichtung aller Schüler möglich ist. Eine besondere Bedeutung kommt dabei der Unterrichtsanalyse unter Einbeziehung der Unterrichtsmitschau (direkt und/oder per Video) zu.

Die Planungskriterien im Kapitel II,2 wurden in enger Anlehnung an die erste Auflage des Buches von 1980, an dem beide Autorinnen gleichermaßen beteiligt waren, aktualisiert und wie zuvor an einem – nunmehr neu entwickelten – Stundenbeispiel praxisbezogen verdeutlicht. Die Unterrichtsplanung in Form von Kurzentwürfen findet ebenfalls eine Neuaufnahme in diesem Buch. Eine Aufteilung der neuen, wie auch der zu überarbeitenden Themenstellungen des Buches wurde unumgänglich; die Autorinnen leben und arbeiten inzwischen in zwei verschiedenen Bundesländern, so daß allein dieser Aspekt eine solche Vorgehensweise nahelegte. Dies hat darüber hinaus den Vorteil, daß unterschiedliche Erfahrungen in zwei Bundesländern (Berlin/Niedersachsen) einer einseitigen Herangehensweise an die Themenstellungen entgegenwirken.

Die Anwendungsbeispiele im Kapitel III sollen Umsetzungsmöglichkeiten sowohl der Planungskriterien als auch der beanspruchten ganzheitlichen Unterrichtsarbeit eines projektorientierten Lernens verdeutlichen. Anhand der Beispiele von drei ausführlichen Unterrichtsentwürfen werden entsprechende Praxisanregungen gegeben. Darüber hinaus wird die Einbettung der Thematik in die Unterrichtseinheiten und in das Projektthema anhand von „Projektübersichten" aufgezeigt.

Die Beispiele für die Kurzentwürfe beziehen sich auf die Klassenstufen der Unter-, Mittel-, Ober- und Abschlußstufe der Schule für Geistigbehinderte mit einzelnen Übersichtsskizzen zum jeweiligen Projektthema. Sie verdeutlichen eine verkürzte und doch differenzierte Unterrichtsvorbereitung neben der ausführlichen Form von Unterrichtsentwürfen in der Lehrerausbildung. Studierenden, LehramtsanwärterInnen und PädagogInnen an diesem Schultyp möchten wir Klärung von Methodenfragen, Orientierungshilfen und praxisrelevante Anregungen geben.

Erika John, Berlin · Helga Heits, Hannover

I. ZUR GEGENWÄRTIGEN SITUATION AN SCHULEN FÜR GEISTIGBEHINDERTE

Erika John

II. PLANUNG, DURCHFÜHRUNG UND ANALYSE VON UNTERRICHT IN DER SCHULE FÜR GEISTIGBEHINDERTE

Helga Heits

III. ANWENDUNGSBEISPIELE

Erika John

I. ZUR GEGENWÄRTIGEN SITUATION AN SCHULEN FÜR GEISTIGBEHINDERTE

von Erika John

1. Aktuelle Problemstellung

Erfordert die Heterogenität der Schülergruppen in Schulen für Geistigbehinderte bereits gezielte individuelle Fördermaßnahmen, so entsteht mit zunehmender Einschulung schwerstbehinderter[1] Schüler eine deutliche Veränderung dieses Schultyps.

Die damit zusammenhängende Spannbreite der Lern- und Entwicklungsvoraussetzungen bei den Schülern vergrößert sich enorm und führt in der Praxis zu ganz unterschiedlichen Förderprogrammen, Methoden und Konzeptionen, die – oftmals vor theoretisch gegensätzlichem Hintergrund – additiv und zusammenhanglos miteinander verbunden werden.

Zur Verdeutlichung eines derartigen Methodeneklektizismus verweise ich auf nur einige Konzepte zur Förderung schwerstbehinderter Schüler wie: Fröhlichs Konzept der basalen Stimulation (1979), Vogels Konzept einer Musiktherapie (1988), die Festhaltetherapie nach Prekop (1982), das sensomotorische Basistraining nach Kiphard (1986) und – die gegenwärtige„Trend"-Bewegung – das Snoezelen (Hulsegge/Verheul 1991); ursprünglich ein Freizeitangebot in holländischen Einrichtungen, in Deutschland häufig mißverständlich als „Förderkonzept" oder „Therapie" für schwerstbehinderte Schüler deklariert (vgl. hierzu Theunissen 1992).

Die Bereitschaft, neue Ansätze in die Unterrichtspraxis aufzunehmen, zeugt von Flexibilität und Lernoffenheit bei den Pädagogen und Thera-

[1] Der Begriff „Schwerstmehrfachbehindert" als Substantivierung sollte wegen seiner ontologisiererndenTendenz problematisiert werden (vgl. Bach 1991, S. 4). Ebenso wie der Begriff Behinderung kann er nur als „adskriptives Phänomen" (Theunissen 1992) von Beziehungsprozessen zwischen Individuum und Gesellschaft begriffen werden, im Wechselverhältnis von genetisch-organischer Beeinträchtigung, sozialer Isolation und sozio-ökonomischer Benachteiligung (Feuser 1984, S. 133).

peuten einerseits, zum anderen von der Suche nach *adäquaten Fördermöglichkeiten*, die sicherlich begründet ist.

Fragwürdig erscheint dagegen ein kritikloser Umgang mit Teilkonzepten oder Förder-„Programmen“ in der Schulpraxis, ohne Einbettung in eine grundlegende Theorie des Lernens und ohne den fundierten Unterbau einer verbindlichen Persönlichkeitstheorie, insbesondere im Zusammenhang mit einer Schülergruppe, die explizit eine ganzheitliche Einbindung aller Fördermaßnahmen und eine thematische Abstimmung aller Lerninhalte fordert (Mühl 1980; Speck 1991).

Solche Fragestellungen münden stets in eine Diskussion um eine berufliche Qualifikation der an diesem Schultyp gemeinsam tätigen Fachkräfte. Ein wichtiger Kompensator könnte die Institution qualifizierter Lehrerfortbildung sein.

Schulbegleitende Lehrerfortbildungsangebote mit fundierten, ganzheitlich ausgerichteten Orientierungen zu Grundlagen von Lernen und Lerntheorien und daran gemessener Reflexionen neuer Theorie- und Förderkonzepte, würden in diesem Sinne präventiv fachbezogenen und menschlichen Überforderungserscheinungen (Burnout-Syndrom) sukzessiv entgegenwirken.

Allerdings stehen Personaleinsparungen sowohl in qualitativer als auch quantitativer Hinsicht den wachsenden Ansprüchen an qualifizierten Fördermaßnahmen für schwerstbehinderte Schüler entgegen. Diese Sparmaßnahmen wirken sich sowohl auf die Einrichtung notwendiger Planstellen für Sonderschullehrer und Pädagogische Unterrichtshilfen (PU)/ Pädagogische Mitarbeiter (PM) als auch auf die Besetzung der zweiten Stelle für Pädagogische Unterrichtshilfen mit „Betreuern“ aus, die für heterogene Klassen mit besonders hohem Förderbedarf erforderlich sind. Ausbildungsdefizite bei den als „Betreuern“ definierten Mitarbeitern führen zu Überlastungssymptomen. Zugleich aber stuft der Schulsenat Berlin solche Betreuer in die niedrigste Gehaltsstufe aller im Klassenteam wirksamen Berufsgruppen ein.

Diese Regelung gilt für Berlin; in Niedersachsen dagegen bleiben die erforderlichen zweiten PU/PM-Stellen oft unbesetzt.

Daß durch solche Maßnahmen die Qualität des Unterrichts erheblich beeinträchtigt wird, liegt auf der Hand.

Dem erhöhten Bedarf an therapeutischen Maßnahmen und einer entsprechenden Aufstockung von Therapeutenstellen wird nur zögerlich entsprochen. Den quantitativ und qualitativ erhöhten Förderansprüchen der Schüler steht die Tendenz zu qualitativer und quantitativer Abnahme der Fördermaßnahmen entgegen.

Angesichts dieser fragwürdigen Situation als Folge einer halbherzigen und deshalb kritikwürdigen Bildungspolitik muß die derzeitig erschwerte Arbeit an den Schulen für Geistigbehinderte als beachtlich gewürdigt werden, obwohl die Gefahr kritikloser Übernahme „praktikabel" erscheinender, aber unzureichend reflektierter Handlungskonzepte, wie vorhergehend aufgeführt, bestehen bleibt.

Hinderlich für die Praxis wirken sich außerdem der nur langsam aufgegebene statische Behindertenbegriff und ein daraus abgeleitetes Denken aus (Bleidick/Hagemeister 1986, S. 66).

Zum Verständnis der Problematik möchte ich hierzu exemplarisch auf Zuschreibungskriterien zur Definition des Lernverhaltens Geistigbehinderter eingehen.

2. Das Lernverhalten geistigbehinderter Schüler als Zuschreibungsergebnis

Die sonderpädagogische Fachliteratur zum Lernverhalten geistigbehinderter Schüler bezieht sich bis heute nahezu unverändert – mit wenigen Ausnahmen – auf frühe Aussagen und Definitionen von Bach (1971/ 1972).

In fünf Punkten werden eben diese „Lerneigentümlichkeiten" im Handbuch der Sonderpädagogik (Pohl 1979, S. 254) in Anlehnung an Bach zusammengefaßt: „... sachverhaftete Aufmerksamkeit, ... sensorische Ansprechbarkeit, ... spezielle Führungsbedürftigkeit, ... gemäßigte Lerndynamik, ... permanente Anregungsbedürftigkeit." Ohne Zweifel kann eine solchermaßen punktuell verkürzte Beschreibung einer ganzen Lerngruppe – oberflächlich betrachtet – Orientierungshilfen für entsprechende didaktisch-methodische Überlegungen ermöglichen.

Andererseits aber birgt eine derartige Konstituierung von Merkmalen einer Behinderung die Gefahr in sich, ein Schülerverhalten sonderinstitutionell zu reproduzieren, das diesem Kriterienkatalog entspricht (vgl. Preuß-Lausitz 1981).

Schlagworte wie „Transferschwäche", „geringe Spontaneität" usw. bestimmen das sonderpädagogische Handeln und legen die beschriebene Zielgruppe auf die genannten Merkmale, ohne Überprüfung ihres Zustandekommens, vorzeitig und nachhaltig fest.

Ein solches Zirkelschlußdenken im Sinne einer selffulfilling prophecy führt zu dem Mißverständnis, daß ein so beschriebenes Symptom als „endgültig begrenzte Konstante im Prozeß der Persönlichkeitsentwicklung angesehen werden kann" (Feuser 1984), indem „sonderpädagogische Maßnahmen/Prinzipien" empfohlen werden, die präventiv das angenommene Lernverhalten „stützen" sollen. Beispiel: Der legendären Transferschwäche (Übertragungsschwäche von Sachverhalten in veränderten Zusammenhängen/Situationen) wird mit dem „Prinzip der räumlichen und zeitlichen Nähe" (Josef 1970) als stützendes Moment sonderpädagogischer Maßnahmen entsprochen, in der Absicht, Lernen zu erleichtern, Erfolge abzusichern, unnötige Schwierigkeiten zu vermeiden. Die begrenzte Erwartungshaltung verweist regridierend auf die – mit der Einschulung in die Sonderschule verbundene – Legitimation eingeschränkten Lernverhaltens, auf die es, als feste Größe, mit entsprechenden Rastern zu reagieren gilt: Man nehme das Postulat der „besonderen Führungsbedürftigkeit" und gebe hinzu „gezielte Anleitung, Vorgabe kleinster Handlungsschritte". Wer sich heute noch dieser sonderpädagogischen Rezepteküche bedient, konserviert und reproduziert Behinderung menschlicher Entwicklung.

„Diese institutionelle Vereinnahmung reduziert und bringt den Schüler immer wieder auf Verhaltensweisen, die von der Sonderpädagogik als typische für Lernbehinderte, Blinde, Gehörlose, geistig Behinderte usw. gehalten werden ..." (Begemann 1992).

Anders dagegen Miessler/Bauer (1990): Sie zeigen in diesem Zusammenhang erfreuliche Wege aus sonderpädagogischen Einbahnstraßen.

Am Beispiel sachverhafteter Aufmerksamkeit legen sie u.a. dar, wie durch optimal herausfordernde Aufgaben abstrakteres Denkvermögen auf die Zone der nächsten Entwicklung angebahnt und unter Rückgriff zu ganzheitlichen Themenstellungen und Lernformen das „Stigma" Abstraktions- und Transferschwäche widerlegt wird. Auch Rauh (1979) verweist auf Untersuchungen, die mittels gezielter operatorischer Übungen ebensolche Veränderungen von Lernverhalten des „typischen" geistigbehinderten Schülers zum Ergebnis hatten. Aber letztlich wird gerade an ihrer Beschreibung von Auffälligkeiten des Verhaltens Geistigbehinderter ihre Verhaftung auf phänomenologischer Ebene deutlich: „Sie fallen weiterhin auf durch hohe Suggestibilität und Ablenkbarkeit (...), ein Ausdruck für ihre Unsicherheit und ihr mangelndes Vertrauen auf ihre eigenen Informationen und Schlußfolgerungen." (Rauh 1979, S. 382 f.).

An diesem Beispiel wird deutlich, daß solche Aussagen doppelt gefährlich sind: Einerseits werden sie als Schlußfolgerung dem Geistigbehinderten in keiner Weise gerecht, andererseits zementieren sie eine phänomenologische Betrachtungsweise im Sinne geisteswissenschaftlicher Tradition. „Die Natur erklären wir, das Seelenleben verstehen wir." (Dilthey). Die „Intuition" wird somit zum Erkenntnisorgan.

Ich behaupte, daß viele typische Merkmale Geistigbehinderter durch eine allzu stereotype schulische Sozialisation in der Praxis der Geistigbehindertenpädagogik mitverursacht wurden und werden. Solange zum Beispiel sachkundliche Themen lediglich auf die Nischensituation der nachschulischen eng begrenzten Lebenswelt zugeschnitten sind, solange emanzipatorische Inhalte, wie Selbstbestimmung, Selbstorganisation, experimentelle Arbeits- und Lernformen, kreativitätsfördernder Unterricht, von wenigen Ausnahmen abgesehen, als überflüssig und zu anspruchsvoll gelten, wird ein ganzheitlich ausgerichteter projektorientierter Unterricht weder wirksam noch in seinem eigentlichen Anliegen verstanden. Gerade aber in einer heterogenen Lerngruppe mit Schülern unterschiedlichster Lernniveaus müssen o.g. Inhalte und Methoden selbstverständlich werden.

Eine stärkere Orientierung an offeneren Lernangeboten mit größeren Anteilen an Selbstorganisation und Mitentscheidung für die Schüler – angefangen von vereinfachten Formen der Wochenplanarbeit, freinetpädagogischen Arbeitsformen bis zu bereits vielerorts berücksichtigten Arbeitsweisen nach der Montessori-Pädagogik – führen zu größerer Lebensqualität als eine noch immer latent vorhandene „Anpassungspädagogik“.

Eine solcherart verstandene „Lebenstüchtigkeit“ intendiert die Fähigkeit zur Selbstverantwortung, zur Selbstorganisation, zu Entscheidungs- und Kooperationsfähigkeit und berücksichtigt neben „Anpassung“ an Lebenswelten ebenso das zurückwirkende Eingreifen des Schülers mit erweiterter Handlungskompetenz.

3. Rahmenplanrevision

3.1 Zur Situation

Aus integrationspädagogischer Sicht, aber auch aufgrund der Angleichung alter und neuer Bundesländer – sowie infolge der Umstrukturierung innerhalb der Schülerpopulation – erfordern die sich stärker vernetzenden Schulformen realitätsbezogene Richtlinien für die Unterrichtsarbeit.

Mit ihrem Leitziel gesellschaftlicher Integration ihrer Schülergruppe hat sich die Schule für Geistigbehinderte zur eigenen Legitimation um kooperative Zusammenarbeit mit Integrationsschulen zu bemühen. Darüber hinaus muß sie ihre Konzeption erweitern, spezifizieren und wissenschaftlich fundieren, um Grundsatzfragen von Lerntheorien, Theoriekonzepten und Fragen nach persönlichen Qualifikationen, die im Hinblick auf zunehmende Einschulung schwerstbehinderter Schüler gestellt werden, gerecht zu werden.

Im Zuge dieser Umstrukturierung darf die Geistigbehindertenschule nicht zu einer Schule für überwiegend „Schwerstmehrfachbehinderte" werden, im Sinne einer „Restschule" (vgl. Speck 1991, S. 329). Sie muß dafür Sorge tragen, daß sowohl geistigbehinderte wie auch schwerstmehrfachbehinderte Schüler in Integrationsschulen gleichermaßen Aufnahme finden. Wo dies nicht möglich scheint, sollten Initiativen in Richtung Kooperation zwischen Grundschul- bzw. Regelschulklassen und Schulgruppen der Geistigbehindertenschule (vgl. Kooperation im Lande Bremen, Bericht vom Januar 1992) geplant und durchgeführt werden.

Dies alles erfordert eine neue Standortbestimmung und damit eine Revision der Rahmenpläne.

3.2 Ansätze und Überlegungen zur Rahmenplanrevision

Grundsätzlich sollten in allen Unterrichtsbereichen des Rahmenplans der Schule für Geistigbehinderte inhaltlich-methodisch die Niveaustufen eines basalen, sensomotorischen Lernens berücksichtigt werden. Die Formulierung „Minimalziele" des Berliner Rahmenplans ist unzureichend und mißverständlich. Die darunter genannten Inhalte erfassen weder das Lernniveau noch die Bedürfnislage schwerstbehinderter Schüler (vgl. Dank 1987, S. 60 ff.).

Folgende Unterrichtsbereiche müssen – mit Blick auf diese Schülergruppe – gesondert überarbeitet werden:

- Bewegungserziehung/Sport: Einbeziehung der Motopädagogik
- Soziales Lernen/Verhaltenserziehung: Aktualisierung von Fragen der Selbst- und Fremdakzeptanz sowie der interkulturellen Erziehung
- Selbstversorgung: Sinnesfeundliche Gestaltungsmöglichkeiten innerhalb primärer Bedürfnisbereiche (Essenstraining, Körperpflege)
- Sexualerziehung: Keine Reduktion auf pflegerische/hygienische Inhalte, sondern adäquate Berücksichtigung vitaler, emotionaler Bedürfnisse
- Spracherziehung: Optimale Berücksichtigung nonverbaler Kommunikationssysteme
- Ästhetische Erziehung: Durchgängiges Prinzip in der Unterrichts- und Alltagsgestaltung mit Schwerpunkten der Ausdrucksfähigkeit und Kreativitätsförderung.

Dem Anspruch integrativer Erziehung folgend, müssen darüber hinaus speziell die Bereiche „Soziales Lernen/Verhaltenserziehung" und „Umwelterziehung" gesondert übergreifende Schwerpunkte erhalten. Sie sollen sowohl als durchgängiges Leitziel alle Unterrichtsbereiche miteinander verbinden als auch einen eigenständigen, differenzierten Unterrichtsbereich darstellen (vgl. Bayerischer Rahmenplan). In ihrer Thematik müssen Inhalte einer interkulturellen Erziehung einen besonderen Stellenwert erhalten.

Einige der genannten Unterrichtsbereiche sollen im folgenden unter der Fragestellung und ihrer Revisionsbedürftigkeit anhand der Rahmenpläne von Berlin und Bayern sowie unter Berücksichtigung des „Grundlagenmaterials zur Gestaltung der rehabilitativen Bildung und Erziehung" (Forschungsgruppe der Humboldt-Universität Berlin, S. Eßbach 1987), in verkürzter Form miteinander verglichen werden.

Die wichtigsten Bereiche aus dem Grundlagenmaterial der Humboldt-Universität (Eßbach), die nicht nur für den Berliner Rahmenplan (als den revisionsbedürftigsten) Beachtung finden sollten, seien hier kurz skizziert: „Stoffteil Verhaltenserziehung (Sozialverhalten (SV)" (Eßbach 1987, S. 75 f.) – die „Förderdisziplin Mutterpsrachliche Erziehung (MuS)" (ebd., S. 171 f.) und der Bereich Mathematik – hier unter „Bekanntmachen mit quantitativen Sachverhalten (Q)" bezeichnet (ebd., S. 332 f.). Darüber hinaus wird der Themenkomplex „Umwelt" – hier unter „Bekanntmachen mit Dingen und Erscheinungen der Umwelt (UW)" – differenzierter unter Berücksichtigung methodischer Möglichkeiten aufgearbeitet, als es der Berliner Rahmenplan leistet, der an dieser Stelle eine nicht nachvollziehbare Stoffauswahl unter mißverständlichen Bezeichnungen zusammenstellt.

Zu dieser Thematik bietet auch der Bayerische Lehrplan ein breites Spektrum unter der Zusammenfassung „Handlungsorientierte Lernbereiche" – insbesondere in den Lernbereichen „Heimat" und „Natur" an.

Sachkundliche Themenstellungen stehen in der Geistigbehindertenpädagogik immer noch hinter einer pragmatisch verstandenen „Lebenspraktischen Erziehung" („Orientierung in der Umwelt") zurück.

Im Kontext langjähriger Tradition einer Anpassungspädagogik wird bis heute die aktive Umwelt(um)gestaltung Geistigbehinderter, die auf jedem Lernniveau in unterschiedlicher Weise ihren Ausdruck finden sollte, noch nicht optimal intendiert. Der Nützlichkeitsaspekt einer auf Funktionsebene verstandenen „Selbstversorgungserziehung" (vgl. Berliner Rahmenplan) mit bloßer „Orientierung an der Umwelt" kann und darf nicht über Jahre hinweg zum vorrangigen Lebensinhalt eines Menschen gemacht werden.

In allen anderen Bereichen des Lehrplans erscheint der Bayerische Rahmenplan bisher als das differenzierteste und substantiellste Lehrplanwerk für die Schule für Geistigbehinderte, an dem sich einige Bundesländer bereits orientiert haben (Nordrhein-Westfalen und Niedersachsen).

Doch zunächst zum „Stoffteil Rehabilitative Verhaltenserziehung (SV)", ein Thema, das im Berliner Rahmenplan viel zu wenig gewürdigt, im Bayerischen Rahmenplan dagegegn sehr ausführlich unter „Lernbereich soziale Beziehungen" zusammengefaßt wird und dabei die elementaren Bedürfnisse auch schwerer behinderter Schüler berücksichtigt.

Die Ausführungen der „SV" nach Eßbach enthalten insbesondere an dieser Stelle viele ideologische Implikationen und tendieren zu einer relativ einseitigen Anpassung des „schulbildungsunfähigen Förderungsfähigen" an die Normvorstellungen, ohne das Problem gesellschaftlicher Diskriminierung Behinderter und ihr Recht auf Selbstverwirklichung zu thematisieren. Die gesellschaftskonforme, einseitige Erziehungstendenz zieht sich durch alle Bereiche des rehabilitativen Bildungsprogramms.

In Bezugnahme auf das Leitziel integrativer Erziehung muß in den Rahmenplänen u.a. auf integrationsfördernde Aktivitäten und Projekte nachdrücklicher hingewiesen werden: Unternehmungen von Projektwochen, Schullandheimaufenthalten, Kunst- und Freizeitprojekten zwischen Regel- und Sonderschulen.

Der Rahmenplan der SG-Schule sollte zu projektorientierten Lernorganisationen mit Klassen von Regelschulen animieren. Beispiele von Projektthemen und Möglichkeiten projektorientierten Lernens müssen in diesem Zusammenhang deutlicher zum Ausdruck kommen.

Eine Revision des Bereiches Spracherziehung im Berliner Rahmenplan hat, wie vorhergehend erwähnt, nonverbale Kommunikationssysteme differenzierter zu berücksichtigen. Zwar formuliert der Berliner Rahmenplan – ähnlich wie auch Eßbach – Minimalziele der Kommunikation – vergleichbare Inhalte nennt auch der Bayerische Lehrplan zu Beginn des Lernbereichs Sprache – es fehlt jedoch das Lernziel eines nonverbalen Kommunikationssystems für eine in Frage kommende Schülergruppe in allen Rahmenplänen (vgl. Opitz 1988).

Desgleichen auch das Problem zweisprachiger Erziehung mit ausländischen Schülern: In einigen Berliner Bezirken beträgt der prozentuale Anteil allein türkischer Kinder an Schulen für Geistigbehinderte über vierzig Prozent zur Gesamtschülerzahl. Unterrichtsempfehlungen zur sprachlichen Erziehung können diesen Tatbestand nicht einfach übergehen. Hierzu sollten erfolgreiche Unterrichtsmodelle in Grund- und Lernbehindertenschulen und Erfahrungen aus der Vorschulerziehung zu verbesserter Unterrichtsarbeit herangezogen werden (vgl. Nehr 1988; Zimmer 1982).

Einen sehr fundierten und wissenschaftlichen Beitrag zur Spracherziehung, der sich auf Untersuchungen von Vertretern der kulturhistorischen Schule stützt (Luria, Wygotsky, Leontjew) finden wir bei Seidel (Eßbach 1987, „MuS", S. 171 f.), einschließlich eines Modells zum Sprachaufbau in vier Niveaustufen. Darüber hinaus wird ein Überblick gegeben über ein Verfahren zur rehabilitationspädagogischen Diagnostik in diesem Bereich. Aus solchem Fundus relevanter Inhalte und differenzierter didaktisch-methodischer Hinweise zur Spracherziehung sollten wesentliche Teile in einen neuen Lehrplan einfließen.

Sowohl der Bayerische Lehrplan als auch Eßbach bieten zum Unterrichtsbereich Mathematik detaillierte und methodisch gut nachvollziehbare Anregungen mit Gewichtung im pränumerischen Bereich, die im Berliner Rahmenplan kaum zu finden sind. Ähnlich dürftig erscheint dort der Bereich „Umgang mit Farben und Formen" (gemeint ist „Ästhetische

Erziehung/Bildnerisches Gestalten"). Hier muß der Aspekt der Kreativität in der aktiven Gestaltung der direkten Lebensumwelt – als interdependenter Vorgang – für alle Schüler einen entscheidenden Stellenwert erhalten (vgl. auch Theunissen 1988/1989).

Zusammenfassend kann festgestellt werden: Eine Rahmenplanrevision, an genannten Themen problematisiert, erscheint eine dringende Voraussetzung für die Entsprechung der gegenwärtigen Probleme an der SG-Schule (neue Struktur der Schülerpopulation, Integrationsziele, Konzeptionssuche der alten und neuen Bundesländer). Für den Berliner Rahmenplan als den revisionsbedürftigsten und für den neu zu erstellenden Brandenburger Rahmenplan besteht die Chance, – unter Berücksichtigung genannter Lehrpläne und deren Verbesserung mit Blick auf aktuelle Ansprüche aus Theorie und Praxis – zu einer konzeptionellen Vorreiterstellung zu gelangen.

Literatur

Adam, H.: Hilfen bei spezifischen Entwicklungsbedürfnissen – Kommunikationsförderung. In: Handbuch der Sonderpädagogik, Bd. 12 Pädagogik bei schwerster Behinderung. Ed. Marhold, Berlin 1991

Bach, H.: Zum Begriff „Schwerste" Behinderung, in: Handbuch der Sonderpädagogik, a.a.O.

Bach, H.: Lernen und Lehren bei geistigbehinderten Kindern. In: Z. Heilpäd. 23, 1972

Bach, H.: Geistigbehindertenpädagogik. Berlin-Charlottenburg 1971/1977

Bach, H.: Personenkreis Geistigbehinderter. In: H. Bach (Hrsg.): Pädagogik der Geistigbehinderten. Handbuch der Sonderpädagogik, Bd. 5. Berlin 1979, S. 3–18

Eßbach, S.: Grundlagenmaterial zur Gestaltung der rehabilitativen Bildung und Erziehung. VEB Verlag, Berlin 1987

Feuser, G.: Beiträge zur Geistigbehindertenpädagogik. Geistige Behinderung. In: Behindertenpädagogik in Theorie und Praxis, Bd. 2, S. 127–133

Fischer, D.: Neues Lernen mit Geistigbehinderten – Eine methodische Grundlegung. Vogelverlag 1978

Fröhlich, A.: Basale Stimulation – Ein interdisziplinärer Ansatz zur Förderung Schwerstbehinderter. In: Zur Orientierung 4/79

Fröhlich, A.: Basale Stimulation als Basistherapie bei schwer geschädigten ICP-Kindern. In: notabene medici 7/8–79

Fröhlich, A.: Die Pflege schwerst Mehrfachbehinderter als integraler Bestandteil einer ganzheitlichen Förderung aus pädagogischer Sicht. Sonderdruck aus: Deutsche Krankenpflege-Zeitschrift 1/80

Fröhlich, A.: Der Somatische Dialog. In: Behinderte 4/82

Josef, K.: Pädagogische Anwendung lerntheoretischer Erkenntnisse. In: Lernen und Lernhilfen bei Geistigbehinderten. Marhold-Verlag 1970, S. 25–67

Miessler/Bauer: Wir lernen denken. Neues Lernen mit Geistigbehinderten. Verlag Dürr & Kessler, Rheinbreitbach 1990

Dittmann u.a. (Hrsg.): Neue Richtlinien für den Unterricht in der Schule für Geistigbehinderte. Stuttgart 1983

Mühl, H.: Handlungsbezogener Unterricht mit Geistigbehinderten. Bonn-Bad Godesberg 1980

Nehr, M. u.a.: In zwei Sprachen lesen lernen – geht denn das? Erfahrungsbericht über die zweisprachige koordinierte Alphabetisierung. Beltz Verlag, Weinheim-Basel 1988

Opitz, V. u.a.: Sprachlos muß keiner bleiben. Freiburg 1988

Pohl, R.: Bereich des Kognitiven. In: Handbuch der Sonderpädagogik. Pädagogik der Geistigbehinderten. Bd. 5, S. 247–260

Prekop, I.: Festhalten – eine neue Therapie und Lebensform. In: Deutsche Krankenpflege-Zeitschrift 6/1985

Preuß-Lausitz, U.: Fördern ohne Sonderschule. Konzepte und Erfahrungen zur integrativen Förderung in der Regelschule. Weinheim-Basel1981

Rauh, H.: Lernpsychologie. In: Handbuch der Sonderpädagogik. Pädagogik der Geistigbehinderten. Bd. 5. Marhold-Verlag, Berlin 1979

Speck, O.: System Heilpädagogik. Eine ökologisch reflexive Grundlegung. München 1991

Störmer, N.: Trivialisierungen und Irrationalismen in der pädagogisch-therapeutischen Praxis. In: Vierteljahresschrift Behindertenpädagogik 28, 1989

Theunissen, G.: Neuere Ansätze zur Förderung schwerstbehinderter Menschen und Perspektiven für die heilpädagogische Arbeit. In: Verband Deutscher Sonderschulen. Heft 1, 1992

Senator für Bildung und Wissenschaft Bremen: Kooperation aller Schulen für Geistigbehinderte mit Grundschulen im Lande Bremen. Entstehungsgeschichte, Erfahrungen, Rahmenkonzept (unveröff.)

Vogel, B.: Der Pränatalraum. In: Zur Orientierung 1, 1988

Vogel, B.: Musiktherapie – ein Schlüssel zur Seele. In: Geistige Behinderung 27, 1988

Senator für Schulwesen, Jugend und Sport Berlin: Didaktische Informationen zum Rahmenplan für die Schule für Geistigbehinderte 1983/84

Bayerisches Staatsministerium für Unterricht und Kultus: Allgemeine Richtlinien für Erziehung und Unterricht und lernzielorientierter Lehrplan für die Schule für Geistigbehinderte. München 1982

Zimmer, J.: Situationsansatz und interkulturelle Erziehung. Bericht über zwei Modellversuche in Berliner Kindergärten und Grundschulen. In: Die deutsche Schule, 74. Jg., 1982

Bleidick, U./Hagemeister, U.: Einführung in die Behindertenpädagogik. Bd. I: Allgemeine Theorie und Bibliographie. Stuttgart 1986

Theunissen, G.: Wege aus der Hospitalisierung. Ästhetische Erziehung mit schwerstbehinderten Menschen. Bonn 1989

Theunissen, G.: Gedanken zur Ästhetisierung des Lebens(raumes) schwerstgeistig- und mehrfachbehinderter Erwachsener. In: Hospital Art – Kunst im Krankenhaus. Bd. 12. Remscheid 1988

4. Vom Methodeneklektizismus zur Methodenverknüpfung

Im folgenden sollen einige wesentliche Konzepte und Förderansätze unter der Fragestellung ihrer gegenwärtigen Bedeutung für Theorie und Praxis der Geistigbehindertenpädagogik in Ausschnitten dargestellt werden.

Das orthodoxe Prinzip der Methodenreinheit kann schon lange nicht mehr vertreten werden: Methoden sollten sich sinnvoll ergänzen. In der Entscheidung um die sich wechselseitig bedingenden Inhalts- und Methodenfragen geht es – gemäß der Ausgangslage des Schülers und des Sachumfeldes – um die Strukturierung von Lernprozessen, die seiner Zone der nächsten Entwicklung entsprechen. So sollten sowohl prozeß- und produktorientierte – pädagogische und therapeutische – individuelle und gruppenbezogene – offene und strukturierte Ansätze sinnvoll ineinandergreifen (vgl. Speck 1991). Speck spricht in diesem Zusammenhang von der Notwendigkeit einer Methoden-Integration und bezeichnet die Vielfalt der in der Praxis vertretenen Verfahren als eine „Methoden-Komplementarität" (ebd., S. 282 f.).

Jedoch hat jede methodische Entscheidung und ein dahinterstehendes Förderkonzept die Frage nach dem erzieherisch-therapeutischen Sinn zu stellen, der sich aus dem sachstrukturellen Entwicklungsstand (Entwicklungsniveau) des einzelnen Schülers und der Analyse der Sach- und Tätigkeitsstruktur ergibt (vgl. Feuser/Meyer 1986). Aus dieser Sichtweise heraus sind Tendenzen additiver Aneinanderreihung therapeutischer Maßnahmen und Konzeptionen in der Geistigbehindertenpädagogik generell zurückzuweisen. Ausgangspunkt für die Strukturierung von Lernprozessen sollte immer der individuelle Lernprozeß des Schülers sein. „Der Geistigbehinderte ist nicht Objekt des ..., sondern Subjekt im ... Erziehungs-, Bildungs- und therapeutischen Prozeß." (Feuser 1984, S. 134)

Gegenwärtig diskutierte Ansätze in der Schulpraxis der Geistigbehindertenpädagogik, die vorrangig für die Arbeit mit schwerstbehinderten Schülern entwickelt wurden, sind das „Snoezelen" sowie Förderkonzepte zum Themenkomplex „Basale Stimulation" – das „Kombinierte Konzept" (Dank 1990). Des weiteren möchte ich Grundzüge der Montessori-Pädagogik und das Konzept der Motopädagogik in ihrer Relevanz für die Unterrichtsarbeit darstellen.

Angesichts der Euphorie und Widersprüchlichkeiten, die einige Konzepte in der praktischen Arbeit vor Ort und in der Fachdiskussion ausgelöst haben, scheint es geboten, auf Probleme und Widersprüche hinzuweisen, aber auch wegweisende Richtungen aufzuzeigen. Eine ausführliche Beschreibung von Theorien, Zielen oder Methoden dieser Ansätze ist in diesem Rahmen nicht vorgesehen.

4.1 Snoezelen

Der Begriff „Snoezelen“ – für „snuffelen“ (schnüffeln/schnuppern) und „doezelen“ (schlummern) – bezeichnet ein Freizeitangebot für schwerstbehinderte Menschen, das Anfang der 80er Jahre in Holland entwickelt wurde. Verheul, der Initiator dieses Freizeitkonzepts, bezieht sich auf eine Zielgruppe, die – am Beispiel der Anstalt „De Hartenberg“ – „wenig andere Aktivitäten nutzen“ (angeboten bekommen?) „und weder zur Schule noch zur 'Arbeit' ins Tagesaktivitäten-Zentrum gehen können.“ (Hulsegge/Verheul 1991, S. 8) Sie verbringen den größten Teil des Tages in der Wohngruppe. Das Freizeitangebot des „Snoezelen“ „ermöglicht ihnen, auch einmal 'auszugehen', sie kommen in andere Räumlichkeiten und können dort völlig andersartige Erfahrungen machen, als sie in der Wohngruppe möglich sind.“ (ebd.)[2]

Welche Erfahrungen bietet das Snoezelen?

Gemäß dem Prinzip „nichts muß gemacht werden, alles ist erlaubt“ wird eine künstliche Umgebung geschaffen, deren bewußt angenehme Atmosphäre mit vielfältigen Reizangeboten durch Lichteffekte, Spiegelkugeln, Gerüche, Geräusche, Vibrationen, Musik u.a.m. eine „andere Welt“ vortäuscht, mit authentischen Erlebnismöglichkeiten von Umwelt, die, so behaupten Verheul und Hulsegge, in solcher Intensität im Alltag nicht vorkommen.

Als Prinzipien für den Besuch des Snoezelen-Raumes nennen die Autoren die „freie Wahl der Aktivitäten“, die „Berücksichtigung des individuellen Tempos“ ohne Zeitdruck sowie die „richtige Grundeinstellung“

2 Die lapidare Haltung gegenüber der in dieser Umschreibung deutlich werdenden Isolation dieser Menschen, die offensichtliche Infragestellung ernsthafter 'Arbeit' und die ironisch anmutende Bezeichnung „ausgehen“ vermitteln Abwertung und befremden.

und die „richtige Betreuung“. Gemeint ist die pädagogische Einflußnahme; diese „kann nicht erlernt werden, wichtig ist das richtige Gespür“. (ebd., S. 45)

Die von den Autoren selbst bezeugte Theorielosigkeit des Ansatzes gipfelt in dem Resumee: Die Welt schwerstbehinderter Menschen ist möglicherweise eine andere, in die wir aber auch gelangen können, wenn wir die richtigen „Türen“ zu finden wissen.

Die Zuführung von Reizen beliebiger Art, die es nicht zu erschließen gilt, sondern die ohne zusammenhängenden Sinnbezug übermittelt werden, gelten, nach Annahme der Autoren, als ein dem Wahrnehmungsniveau der Zielgruppe und ihren Bedürfnissen entsprechendes Angebot: „Das Snoezelen bietet Möglichkeiten in sich, anders sein zu dürfen. Vor allem Schmecken, Riechen, Fühlen und Sich-Bewegen, einfach, weil man es schön findet, nicht um eine Information zu gewinnen oder sich zu entwickeln, sind Aktivitäten, die viel besser zu den Möglichkeiten und den Bedürfnissen der schwer geistig Behinderten passen.“ (Torenbeek 1980).

Die Autoren mißachten hierbei, daß auch ein desolates Belassen innerhalb unbeabsichtigter Erlebnissituationen Entwicklungsreaktionen verursacht, die es aufzugreifen gilt. Es genügt nicht, einen schwerstbehinderten Schüler durch (vermutete) „angenehme Wahrnehmungen“ zu manipulieren, ihn (vermutlich) zu entspannen und es dabei zu belassen.

Der an anderer Stelle vorgenommene Versuch, eine Parallele herzustellen zwischen menschlichen Entwicklungsprozessen bezüglich der Zielgruppe und dem Wachstumsprozeß einer Blume (vgl. Hülsegge/Verheul 1991, S. 46) verdeutlicht den bedenkenlosen und unreflektierten Umgang mit der Lebensproblematik von der Gesellschaft isolierter Menschen.

Wenn ein solches Konzept schon als sogenanntes Freizeitangebot (was ich auf dem geschilderten Hintergrund nicht als solches definieren kann, denn es gibt ja keine 'Arbeits'angebote als ausgleichende Variante) äußerst problematisch und in sich widersprüchlich erscheint, so wundert es erst recht, daß in Deutschland das Snoezelen als Therapieangebot einen Platz in Geistigbehindertenschulen einzunehmen beginnt.

Von den zu Höchstpreisen werbewirksam empfohlenen Lehrmittelfirmen wird es inzwischen auch als komplettes System vermarktet. Die Einrichtung von Snoezelen-Räumen an Geistigbehindertenschulen macht Schule; das dekorative Ambiente und die technisch faszinierenden Details zeigen dem Betrachter, daß hier etwas Besonderes für die „Ärmsten der Armen" (gelegentliche Bezeichnung für schwerstbehinderte Schüler) geboten wird. So hat sich zu diesem Thema inzwischen eine Marktidee verselbständigt, für die es gilt, Theorien zu finden, die sie legitimieren helfen.

Der Snoezelen-Raum, als intendiertes Freizeitangebot, ist allein als solches problematisch, weil darin Freizeitaktivitäten schwerstbehinderter Menschen als „Besonderung" zementiert und dadurch Absonderung und Deprivation kultiviert werden. Snoezelen, als „therapeutisches Förderangebot" mißverstanden, steht da als ein kostspieliges Szenarium künstlicher Reizaktivierung zu Lasten anderer therapeutischer Mittel, wodurch zusätzlich integrative Umwelterfahrung in aktuellen und sozialen Situationszusammenhängen verhindert wird.

Dies bedeutet nichts anderes als erneute Isolation innerhalb einer bereits um Öffnung bemühten Sondereinrichtung; hier reproduziert Sonderschule isolierte Bedingungen und Deprivation. In Frage gestellt werden muß darüber hinaus die Zuverlässigkeit von Bedürfnisdeutungen und Reaktionsinterpretationen durch den jeweiligen Lehrer/Pädagogen. Aufgrund vorliegender Übersensibilitäten durch unterschiedliche Wahrnehmungsstörungen bei einzelnen Schülern können Überreizungen verursacht werden.

Die gegenwärtig pragmatische Umgangsweise mit diesem Ansatz führt in eine pädagogische Sackgasse und wirft uns zurück auf ein Niveau experimentierfreudiger Sensoriker um die Jahrhundertwende. Dessen ungeachtet sollte die mit dem Ansatz implizierte Ästhetisierung und Versinnlichung ein integrierter Bestandteil in der täglichen Unterrichtsarbeit sein. Primäre Sinneserfahrungen und ästhetisches Gestalten und Erleben in sinnvoll strukturierten Lebenszusammenhängen – unter Berücksichtigung einer entwicklungsgemäßen Gegenstands- und Aufgabenwahl – lassen auch Gegenstände des alltäglichen Lebens und der direkten Lebensumwelt zu. So steht zum Beispiel das Riechen und Schmecken von Obst und anderen Lebensmitteln, aus denen ich etwas zubereite, in sinnvollem Zusammenhang zu meinen Bedürfnissen, kanalisiert meine Interessen in neuer Weise und ermöglicht Aneignung von Umwelt über sinnvolle Handlungen, die zu natürlichen, tiefgreifenden Erlebnisqualitäten einer „ästhetisierten Alltagskultur" im sozialen Kontext mit anderen führen können (vgl. Theunissen 1989).

Sicher führen manche dieser Lernprozesse zu Überforderungen, Reizüberflutung oder auch zu Unterforderung und fehlender Stimulation, wodurch inadäquate Lernsituationen entstehen. Gerade diese Tatsache sollte uns motivieren, Methoden und Medien, Lernsituationen und die Lebensumwelt des Schulalltags sinnesfreundlicher und phantasievoller zu gestalten.

Dabei können wir uns durchaus von einzelnen Angeboten des Snoezelens inspirieren lassen: Technologieoffener und weniger hausbacken zu sein bei der Ausgestaltung von Klassenräumen und der Herstellung von Medien, vielsinnige Stimulationsmöglichkeiten in der realen Lebenswelt zu verwerten und eine Verbesserung von Lernmaterialien für schwerstbehinderte Schüler anzustreben, die basales entwicklungsgemäßes Lernen ermöglichen. Anregung zu selbsthergestellten Sinnesmaterialien wie Tastbretter, Tastvorhänge, Fühlboxen, Tastwürfel, Materialduschen, Mobiles u.a.m. (Verheul 1991, S. 167 f.) sollten unsere Angebote im Unterricht ästhetisieren und qualitativ bereichern helfen.

Dazu ist es erforderlich, daß der Lehrer lebensbedeutsame Alltagssituationen erkennt und flexibel gestaltet, sich an der Ausgangslage der Zielgruppe orientiert und sich aufgrund fachlicher Kompetenz um kritische Auswahl therapeutisch-pädagogischer Ansätze bemüht.

Literatur

Kauschus-Nazario, Ch.: Snoezelen, mit allen Sinnen lernen. In: Geistige Behinderung 28, 1989

Hulsegge/Verheul: Snoezelen. Eine andere Welt – Ein Buch für die Praxis. Marburg/Lahn 1991

Theunissen, G.: Wege aus der Hospitalisierung. Ästhetische Erziehung mit schwerstbehinderten Menschen. Bonn 1989

4.2 Basale Stimulation

Fröhlichs Konzept der basalen Stimulation war zu Beginn der achtziger Jahre ein einseitiges Förderprogramm künstlicher Reiz-Reaktions-Aktivierung auf elementarer Ebene.

Emotional-soziale und inhaltlich-strukturelle Beziehungszusammenhänge unter Beachtung ganzheitlicher Förderung blieben unberücksichtigt.

Die anfängliche Euphorie, die dem Konzept trotzdem in der Unterrichtspraxis mit schwerstbehinderten Schülern entgegengebracht wurde, trug zu problematischen Entwicklungen bei.

Diverse Reizangebote somatischer, vestibulärer und vibratorischer Art wurden auf ihre Wirkung insbesondere bei Problemkindern, die sich weder sprachlich noch ausreichend gestisch verständlich machen konnten, ausprobiert. Es galt, Teilfunktionen anzuregen und partielle Reaktionen herbeizuführen.

Zusammen mit der Hilflosigkeit gegenüber scheinbar nicht reagierender und nicht sprechender Schüler wurden – unter Berufung auf das Stimulationsprogramm – Reize verschiedenster Art bis hin zu Überreaktionen verursacht, um wenigstens einen Dialog über Widerstände (Abwehrverhalten) herbeizuführen.

Ein mir bekanntes Stimulationsprogramm verfolgte die Absicht in regelmäßigem Training die Sensibilität der Fingerkuppen eines schwerstbehinderten Schülers durch Druckimpulse zu verbessern. Mit verstärkt eintretender Abwehrreaktion des Schülers galt das Ziel als erreicht. Ich möchte an diesem Beispiel auf die Problematik hinweisen, die entsteht, wenn neue unausgereifte pädagogische Ansätze in plakativer Weise, noch dazu in individueller Fehlinterpretation unreflektiert umgesetzt werden.

Hier muß die Duldung und Billigung fragwürdiger Praktiken und noch unausgereifter pädagogischer Ansätze durch – oft konfliktscheue – Schulleitungen höchst bedenklich erscheinen, insbesondere dann, wenn der Fürsorgepflicht nicht genügend entsprochen und publikumswirksamen Trenderscheinungen der Vorzug gegeben wird.

Inzwischen besteht die Einsicht, basale Förderung einschließlich somatischer, vestibulärer und vibratorischer Anregungen einzubetten in die alltäglichen Förderangebote der ganzheitlichen Unterrichtskonzeption, die den Bereich der Selbstversorgung entsprechend akzentuiert einschließt.

Trotzdem gerät das Konzept der basalen Stimulation leicht in Gefahr, in seiner frühen Ausprägung als „Stimulationsprogramm", womöglich mit einem zweiten, ähnlich strukturierten Teilkonzept kombiniert (vgl. Dank 1987), unberührt neben einer ganzheitlichen Unterrichtsarbeit stehenzubleiben. Das neueste Beispiel in diesem Zusammenhang stellt die Kombination von „basaler Stimulation" und „Snoezelen" zu einem – beide Ansätze vereinenden – Trainingsprogramm dar (vgl. Schäffer 1992).

Grundsätzlich ist es problematisch, den Menschen aufzuteilen in trainierbare Teilfunktionen unter Mißachtung der ganzheitlichen, simultanen Erlebnisfähigkeit des Menschen. Dies verführt zu der Anmaßung, daß ein „Input" auszurichten ist auf einen isolierten, partiellen Wahrnehmungssektor und meine „Eingabe" das auslöst, was ich intendiere. Hier wird mißachtet, daß der Mensch nur das aufnimmt und für seine Entwicklung umsetzen kann, was für ihn einen Sinn macht und ein Motiv bildet. Die Aufteilung des Menschen in Funktionsbereiche entspricht einem vorwissenschaftlichen Denken, welches – entgegen dem aktuellen Diskussionsstand – weit hinter die Anfänge der Ganzheitspsychologie zurückfällt.

Dank vielfältiger Kritik an der Einseitigkeit und Rigidität des Konzepts entwickelte Fröhlich seinen Ansatz inzwischen zu einer zunehmend ganzheitlichen Förderung unter Einbeziehung von Umwelt- und Sozialerziehung weiter (vgl. Theunissen 1992, S. 18; Fröhlich 1991).

Fröhlich bringt seine Arbeitsabsicht in einem ganzheitlichen Dialog unter Berücksichtigung der sieben Bereiche – Wahrnehmung, Sozialerfahrung, Kognition, Gefühle, Sprache/Sprechen, Körpererfahrung, Bewegung – zum Ausdruck. „Die Schulung eines isolierten Entwicklungsbereiches wird damit ad absurdum geführt, kann nicht mehr länger als angemessen bezeichnet werden." (Fröhlich 1987, in: Dank 1987, S. 9).

4.3 Das kombinierte Konzept

Unter Zugrundelegung der Entwicklungpsychologie Piagets beansprucht das kombinierte Konzept eine individuelle Förderung Schwerstmehrfachbehinderter (vgl. Dank 1987). Kombiniert werden Ansätze aus der basalen Stimulation, dem Isolationstraining bzw. der sensomotorischen Entwicklungsförderung (Kiphard/Delacato), der basalen Aktivierung (Breitinger/Fischer), dem integrierten Lernen (Haupt/Fröhlich) und der psychomotorischen Übungsbehandlung und krankengymnatischer Therapie (vgl. ebd., S. 13).

Die Umsetzung in Form einer Aneinanderreihung genannter Beispiele wird von Dank an einem durchgehenden Fallbeispiel verdeutlicht. Darüber hinaus wird eine gute Übersicht und Zusammenschau genannter Ansätze und ihre Umsetzungsmöglichkeiten angeboten. Allerdings wird auch deutlich, daß die hinzugezogenen Trainings- und Förderangebote unzusammenhängende Einzelmaßnahmen bleiben, wenn sie nicht in Sinnzusammenhänge alltäglichen Handelns überführt und in eine ganzheitliche, umweltbezogene Konzeption eingebettet werden.

An dem genannten Fallbeispiel verbleibt die Darstellung auf deskriptiver Ebene, so daß – mangels einer genaueren Analyse der Tätigkeits- und Handlungsstruktur – lediglich auf Symptome reagiert wird. Ein Beispiel: Dem Symptom „abgewandte Kopfhaltung beim Greifen" wird mit einem isolierten Übungsangebot der visuellen Kontrolle (Desensibilisierungsprogramm für Autisten) entsprochen. So sollen z.B. Lichtreize in abgedunkeltem Raum mit steigendem Schwierigkeitsgrad fixiert und parallel dazu die Greifmotorik und die Auge – Hand – Koordination geschult werden, um sich „ohne Störeinflüsse durch andere Reize auf den optischen Bereich zu konzentrieren" (ebd.).

Dabei wird übersehen, daß das geschilderte Symptom auf keine bloß mechanische Funktion zu reduzieren und ebenso mechanisch (technokratisch) zu trainieren ist.

Das eigentliche Problem liegt jedoch in der fehlenden Reflexion des Zusammenhangs zwischen dem Symptom und der komplexen Ausgangssituation seiner Entstehung. Keineswegs kann durch ein aufgesetztes Konditionierungsverfahren diesem Problem entsprochen werden.

Zu Recht weist Dank auf die unabdingbare Eigenleistung von Theoriearbeit gegenüber den zu kombinierbaren Ansätzen hin. „Das kombinierte Konzept kann eben nicht – und darin besteht ja auch sein Vorteil für die individuelle Förderung – als fertiges Ganzes übernommen werden." (ebd., S. 38)

Anregungen für die Praxis bieten Beispiele schriftlicher Vorbereitung von Förderprogrammen für schwerstbehinderte Kinder als Zusammenführung vorausgehender Diagnoseverfahren, Aufnahme-Gutachten und daraus folgernder Zielbestimmungen. Hinweise auf die besondere Motivationslage der Schüler innerhalb jeweiliger Lernbereiche treten allzu sehr in den Hintergurnd, so daß eine lustvolle Einbettung in umweltbezogene Unterrichtsthemen der Gesamtgruppe weitgehend unberücksichtigt bleibt.

Die Nachteile einer homogenen Schwerstbehindertengruppe sind hinreichend bekannt. Der Anspruch einer integrativen Erziehung steht in Widerspruch zu einer „hauseigenen" Segregation. Dank jedoch plädiert für den Aufbau von homogenen Schwerstbehindertengruppen. Als Gründe nennt sie organisatorische Erleichterungen für den „normalen Schulbetrieb", die – so behauptet sie – anders kaum „zu überbrücken sind" (S. 40). In der Praxis dagegen ist es heute aus wohldurchdachten Gründen durchaus keine „Fiktion", wie Dank behauptet, heterogene Kleingruppen zu bilden. Eine aus organisatorischen Gründen veranlaßte Isolation schwerstbehinderter Menschen, sei es aus „Transportgründen" finanzieller Art oder aufgrund der „Belastungen" in leistungsstarken Klassen (Mobilität, erhöhter Personalaufwand) muß eindeutig zurückgewiesen werden.

Ein Schulbetrieb – insbesondere der Sonderschulbetrieb – hat sich seinem Anspruch gemäß auf die Ausgangslage und Bedürfnisse der ihn konstituierenden Schülergruppe einzustellen und nicht umgekehrt eine Schülergruppe auf einen „normalen" Schulbetrieb, der sich institutionell-pragmatischen Argumenten beugt.

Literatur zum Thema Schwerstmehrfachbehinderte

Ayres, J.: Bausteine der kindlichen Entwicklung. Berlin-Heidelberg 1984

Bayerisches Staatsminsiterium für Arbeit und Sozialordnung (Hrsg.): Hilfen zum Leben für Schwerstbehinderte. München 1987

Bigger, A.: Förderdiagnostik Schwer- und Schwerstbehinderter. Zürich 1986

Breitinger, M., Fischer, D.: Intensivbehinderte lernen leben. Würzburg 1981

Bundesverband für spastisch Gelähmte und andere Körperbehinderte e.V. (Hrsg.): Informationsmaterial und Wörterbuch zur Bliss-Symbolik. Brehmstr. 5–7, 4000 Düsseldorf

Dank, S.: Individuelle Förderung Schwerstbehinderter. Dortmund 1990, 3. Aufl.

Dank, S.: Verfahren zur Erstellung von Förderplänen für Schwerstbehinderte. 1991 (unveröff. Aufsatz)

Delacato, C.H.: Der unheimliche Fremdling: Das autistische Kind. Ein neuer Weg zur Behandlung. Freiburg 1975

Dittmann, W.: Zum Problem der pädagogischen Förderung schwerstbehinderter Kinder und Jugendlicher. Rheinstetten 1979

Falkhausen, Chr.: Mehrfachbehinderte Kinder und Jugendliche im Erziehungsfeld der Schule. Berlin 1981

Feldkamp, M., Danielcik, I. (Hrsg.): Krankengymnastische Behandlung der cerebralen Bewegungsstörung. München o.J.

Feuser, Oskamp, Rumpler (Hrsg.): Förderung und schulische Erziehung schwerstbehinderter Kinder und Jugendlicher. Stuttgart 1983

Fischer, D.: Die Förderung Intensiv-Geistigbehinderter – eine schulpädagogische Aufgabe. In: Baier, H. (Hrsg.): Beiträge zur Behindertenpädagogik in Forschung und Lehre. Rheinstetten 1976

Fröhlich, A., Haupt, U.: Förderdiagnostik mit schwerstbehinderten Kindern. Eine praktische Anleitung zur pädagogisch-therapeutischen Einschätzung. Dortmund 1983

Fröhlich, A.: Die Förderung Schwerstbehinderter – Erfahrungen aus sieben Ländern. Luzern 1981

Fröhlich, A.: Ganzheitliche Entwicklungsförderung und pädagogische Arbeit mit schwerstbehinderten Kindern. In: Das Band 2/85

Fröhlich, A.: Ganzheitliche Entwicklungsförderung. In: Handbuch der Sonderpädagogik. Bd. 12. Edition Marhold 1991

Fröhlich, A.: Lernmöglichkeiten: Aktivierende Förderung für schwer mehrfachbehinderte Menschen. Heidelberg 1989, 2. Aufl.

Fröhlich, A.: Mütter schwerstbehinderter Kinder. Heidelberg 1986

Fröhlich, A.: Schulorganisatorische Probleme bei der Integration von sog. schwerstbehinderten Kindern. In: Behindertenpädagogik 1/80

Ginsburg, H., Opper, S.: Piagets Theorie der geistigen Entwicklung. Eine Einführung. Stuttgart 1975

Hartmann, N.: Beiträge zur Pädagogik der Schwerstbehinderten. Heidelberg 1983

Hellbrügge, Th.: Münchner funktionelle Entwicklungsdiagnostik. München 1975

Kane, J.F., Kane, G.: Geistig schwer Behinderte lernen lebenspraktische Fertigkeiten. Bern, Stuttgart, Wien 1978

Klemisch, W., Tuckermann, U.: Förderung der Schwerstbehinderten aus der Sicht der Sonderschule und der Situation der WfB. In: Behindertenpädagogik. 19. Jg. 1/80, S. 89–91

Kornmann, R., Meister, H. u.a.: Förderdiagnostik. Heidelberg 1983

Kultusminister des Landes Nordrhein-Westfalen (Hrsg.): Richtlinien für die Förderung schwerstbehinderter Schüler in Sonderschulen und Hinweise für den Unterricht. Köln 1985

Kultusminister des Landes Nordrhein-Westfalen (Hrsg.): Runderlaß vom 12. Juli 1978. GABl. NW. S. 503, Aufnahme Schwerstbehinderter in Sonderschulen

Mall, W.: Kommunikation mit schwer geistig behinderten Menschen. 1990

Müller, M.: Heilpädagogische Diagnostik bei schwer- und schwerstbehinderten Kindern. Berlin 1982

Pfeffer, W.: Förderung schwer geistig Behinderter. Eine Grundlegung. 1988

Schäffer, F.: Aus dem Arbeitsalltag: Arbeit – Spaß – Training (AST) für schwerstmehrfachbehinderte Kinder. In: Die Sonderschule. 37. Jg. 2/92, S. 92–96

Theunissen, G.: Gedanken zur Ästhetisierung des Lebens(raumes) schwerstgeistig- und mehrfachbehinderter Erwachsener. In: Hospital Art – Kunst im Krankenhaus. Hrsg. vom Institut für Bildung und Kultur (12). Remscheid 1988

4.4 Motopädagogik und Mototherapie

Die psychologischen, sozialen und medizinisch-biologischen Komponenten der Motorik sind Grundlagen sowohl der allgemeinen als auch der sonderpädagogischen Schulpraxis. Die in Deutschland seit 1955 gesammelten Erfahrungen in der psychomotorischen Übungsbehandlung durch motodiagnostische und mototherapeutische Forschungsaufträge (Kiphard 1960) fanden schnell Zugang in der Sonderpädagogik. Durch den 1976 gebildeten „Aktionskreis Psychomotorik e.V." mit interdisziplinärer Fachorganisation entstand der neuere wissenschaftliche Begriff „Motopädagogik" (Kiphard 1983): Ein Konzept mit dem Anspruch einer ganzheitlichen Erziehung und Persönlichkeitsentwicklung über perzeptiv-motorische Lernprozesse.

Unter Verweis auf den bipolaren Zusammenhang von Organismus und biologischer Umwelt (Gestaltkreis v. Weizsäcker), auf den durch die gesellschaftliche Repräsentation beeinflußten Aneignungsprozeß (Leontjew) und auf die Entwicklungsprozesse der Intelligenz nach Piaget, wird eine Beanspruchung der Ganzheitlichkeit des Konzepts mit folgenden Zielen formuliert:

„– Ich-Kompetenz, d.h. sich selbst und seinen Körper (kognitiv) erfahren und (affektiv) erleben.
– Sachkompetenz, d.h. sich an die dingliche Umwelt mit ihren Materialien, Geräten und Hindernissen anzupassen sowie diese Umwelt handelnd an sich anzupassen.
– Sozialkompetenz, d.h. zu lernen, sich an andere Personen anzupassen, dabei aber auch in echter Kommunikation eigene Bedürfnisse durchzusetzen." (Kiphard 1990, S. 23)

Die mit der Motorik verbundenen Aspekte eines ganzheitlichen Ansatzes – Wahrnehmung, Bewegung, Erleben, Denken und Kommunizieren – sollen in allen Förderangeboten eng miteinander verknüpft sein. Darüber hinaus nimmt Kiphard eine systematische Strukturierung in drei Lernbereiche vor: Wahrnehmungsbereich, Bewegungsbereich, emotional-sozialer Bereich.

Als didaktisch-methodische Prinzipien stellt Kiphard die Bewußtmachung von Erfahrungen (kognitive und affektive Reflexion), Selbstverwirklichung und Ichfindung (Selbsttätigkeit und Kreativität) und mit der „Kind- und Entwicklungsgemäßheit" (Kiphard 1990, S. 169) das freie Ausprobieren, Spielen und Experimentieren heraus. Dem Ansatz der Motopädagogik, als Maßnahme einer ganzheitlich intendierten Bewegungs- und Entwicklungsförderung, entsprechen die Förderangebote der Mototherapie, die sich zu den oben genannten Bereichen in differenzierter Weise auf Störungen beziehen (Kiphard 1990, Mototherapie, Teil II). Gleichzeitig werden zur Erhebung der Ausgangslage diagnostische Untersuchungsverfahren mit einem Überblick über verschiedene Störungen angeboten, zu deren Symptomen differenzierte Förderangebote zugeordnet werden.

Kiphards Bestreben, den zentralen Ansatz der Motorik in der pädagogischen Theorie und Praxis in ganzheitliche Zusammenhänge mit der gesamtpersönlichen Entwicklung des Kindes zu setzen, ist zu befürworten.

Fragwürdig ist dagegen seine unkritische Einbeziehung der Festhaltetherapie (Prekop 1982) als Einstiegs-Training für das von ihm entwikkelte sensomotorische Basistraining (ebd., S. 85). Hierzu ist der Beitrag von Theunissen (1992, S. 19) zu unterstreichen, der in einer kritischen Stellungnahme auf die Rezeptartigkeit und vereinfachenden Erklärungsmuster der Festhaltetherapie sowie auf die Gefahr einer entstehenden „ambivalenten double-bind-Situation" hinweist. Ebenfalls fragwürdig erscheint zum „Stimulationsprogramm für Schwerstmehrfachbehinderte" der von Kiphard empfohlene Ansatz eines „Körperbewußtheitstrainings nach Rose" (USA 1962) sowie Maßnahmen zur „Aktivitätsanregung bei Antriebslosigkeit" (vgl. Kiphard 1990, S. 104 ff.). Hier geht es um aufgesetzte und zusammenhanglose Reizstimulationen im Sinne des frühen Fröhlich-Programms.

Im übrigen bildet der Ansatz Kiphards als umfassendes Konzept eine wesentliche Bereicherung für die Schulpraxis aus dem Blickwinkel des zentralen Aspektes ganzheitlich verstandener Motologie. Sicher gilt es auch hier abzuwägen, inwieweit die Motopädagogik stellenweise zu bloßen „Programmempfehlungen" für isoliert betrachtete Funktionsübungen regrediert, die auf Effizienz und Ausbildung von Teilfunktionen, nicht aber auf sinnvolle Lebensverwirklichung gerichtet sind. „Der Mensch wird behandelt, ohne selbst handlungsfähig zu werden." (Begemann 1992).

Demgegenüber muß (nicht nur) die sonderpädagogische Förderung mehrperspektivisch angelegt sein, um unter Einbezug bedeutsamer Lebenssituationen der Ganzheitlichkeit menschlicher Entwicklung zu entsprechen.

Solche Förderung bedingt die mögliche Verknüpfung von Förderansätzen, die zu einem Gesamtkonzept unter folgenden Voraussetzungen führen können: Eine „ganzheitliche" Aufarbeitung der Lebensgeschichte (Ausgangslage), d.h. methodologisch kausal-analysierend – entgegen deskriptiv-phänomenologischer Vorgehensweise – unter sorgsamer Definition aktueller sozial-gesellschaftlicher Zusammenhänge. Dabei sind diagnostische Untersuchungsmethoden zur ganzheitlichen Erhebung des Entwicklungsniveaus ebenso unerläßlich (Prozeßdiagnostik) wie die Situationsanalyse einer Inhalts- und Aufgabenstruktur und die Handlungsanalyse in Orientierung auf die Zone der nächsten Entwicklung. So gesehen, wird die Ausgangslage als Prozeß definiert, der ständig Veränderungen unterliegt und Entwicklung beinhaltet und initiieren hilft.

Literatur

Affolter, F.: Allgemeine und schweizerische Aspekte der Früherfassung schwer hör- und sprachentwickelt gestörter Kinder. In: Hörgeschädigtenpädagogik 26 (1972)

Affolter, F.: Entwicklung visueller und auditiver Prozesse. In: Schweizerische Zeitschrift für Psychologie und ihre Anwendung. Bern, Stuttgart, Wien 1972

Ayres, J.: Lernstörungen. Sensorisch-integrative Dysfunktionen. Berlin, Heidelberg, New York 1979

Begemann, E.: Sonder-(schul)-Pädagogik: Zur Notwendigkeit neuer Orientierungen. In: Zeitschrift für Heilpädagogik. Heft 4, April 1992

Diehl, L.: Psychomotorische Übungsbehandlung. In: Lernen konkret (1) 1992, Lernen durch Bewegung

Fritz, A.: Erfolgreicher im Lernen. Ein Förderprogramm für lernschwache Schüler. Berlin 1986

Frostig, M., Horn, D.: Visuelle Wahrnehmungsförderung. Dortmund 1972

Frostig, M., Reinartz, D.: Visuelle Wahrnehmung – Übungs- und Beobachtungsfolge für den Elementar- und Primarbereich. Hannover, Dortmund 1977

Frostig, M.: Bewegungserziehung. München, Basel 1980

Galperin, P. J.: Die Entwicklung der Untersuchung über die Bildung geistiger Operationen. In: Hiebsch (Hrsg.): Ergebnisse der sowjetischen Psychologie. Stuttgart 1969

Holtz, R., Linn, M.: Übungsbehandlung bei Entwicklungsstörungen. München, Basel 1987

Hünnekens, H., Kiphard, E.J.: Bewegung heilt. Psychomotorische Übungsbehandlung mit entwicklungsrückständigen Kindern. Gütersloh 1977

Irmischer, T., Irmischer, E.: Bewegung und Sprache. Schorndorf 1988

Kephard, N.: Das lernbehinderte Kind im Unterricht. München, Basel 1977

Kiphard, E.: Psychomotorische Entwicklungsförderung. Bd. 1. Motopädagogik. Dortmund 1990, 4. Aufl.

Kiphard, E.: Psychomotorische Entwicklungsförderung. Bd. 3. Mototherapie – Teil II. Dortmund 1990, 3. Aufl.

Leontjew,A.N.: Probleme der Entwicklung des Psychischen. Frankfurt 1973

Luria, A. R.: Die höheren kortikalen Funktionen des Menschen und ihre Störungen bei örtlichen Hirnschäden. Berlin (Ost) 1970

Mertens, K.: Lernprogramm zur Wahrnehmungsförderung. Dortmund 1983 Motorik. Hofman Verlag. Schorndorf, seit 1978

Piaget, J.: Das Erwachen der Intelligenz beim Kind. Stuttgart 1976

Praxis der Psychomotorik. Verlag modernes Leben. Dortmund, seit 1978

Schilling, F.: Spielen – Malen – Schreiben. Marburger Graphomotorische Übungen. Dortmund 1988

Schraag, M. u.a.: Materialien und Geräte in der Bewegungserziehung. In: Sonderpädagogische Praxis. Heft 2. Hrsg. vom VDS Landesverband Baden-Württemberg

Theunissen, G.: Neuere Ansätze zur Förderung schwerstbehinderter Menschen und Perspektiven für die heilpädagogische Arbeit. In: Zeitschrift für Heilpädagogik 1992, hrsg. vom Verband Deutscher Sonderschulen

Weizsäcker, V. v.: Der Gestaltkreis. Theorie der Einheit von Wahrnehmung und Bewegung. Baden-Baden 1972

4.5 Montessori-Pädagogik

Geht man davon aus, daß jeder Schüler auf dem Hintergrund seiner persönlichen Ausgangslage (Geschichte) und seines individuellen Lern- und Entwicklungsniveaus Anspruch hat auf individuelle Förderplanung, so folgt daraus für die differenzierte Schulpraxis die Beachtung unterschiedlicher Konzentrations- und Lernzeiten einzelner Schüler sowie die Bereitstellung individueller und mehrdimensionaler didaktisch-methodischer Angebote.

Dieser Anspruch erscheint, gleichsam sachimmanent (wer kennt nicht die personelle Notstandssituation an den Schulen) mit einem Überforderungssyndrom überzogen.

Gleich, wie pädagogisch geschickt auch immer die Situation zu bewältigen versucht wird, ob durch sogenannte Basisbeschäftigungen motorischer Aufgaben für beispielsweise Schüler in der „Warteschleife“ oder sogenannte Stillarbeit mit didaktischen Materialien als Zusatzaufgabe für schnellere Schüler; dem vermeintlichen Anspruch jedes einzelnen Schülers nach individueller Förderung scheint man nie gerecht zu werden, und die aufkommende Unzufriedenheit belastet die Beziehungen zwischen Lehrern und Schülern.

Hier gilt es zwei Dinge zu hinterfragen: Erstens die Erwartungshaltung des Lehrers an sich selbst – sein Funktions- und Rollenverständnis –, zweitens seine Erwartungshaltung und Einschätzung dem Lernprozeß des Schülers gegenüber.

Zu diesen Fragen bietet der Ansatz Montessoris eine wegweisende Orientierung und zeigt darüber hinaus eine Konzeption auf, deren für unsere Arbeit wichtigsten Grundgedanken ich im folgenden skizzieren möchte.

Lange Zeit lief die Montessori-Pädagogik Gefahr, ein privilegierter Ansatz mit einer ritualisierten, erstarrten Pädagogik zu sein, in strenger Anlehnung an die ursprünglich reine Lehre der Montessori-Tradition. Diese Tatsache schreckte viele ab, den Ansatz in die Praxis zu übernehmen bzw. sich überhaupt näher damit zu beschäftigen.

Inzwischen sind hier erfreuliche Veränderungen festzustellen. Die Montessori-Pädagogik wird zunehmend in üblichen Fortbildungsveranstaltungen für LehrerInnen und Interessenten angeboten und findet in der Unterrichtspraxis zunehmenden Anklang.

Anregungen hierzu bietet eine Vielfalt an Literatur zum Thema – insbesondere der für unsere Schulpraxis bedeutsame Bericht von Rebecca Wild (1992) – eine Umsetzung der Montessori-Pädagogik in enger, fast organischer Verknüpfung mit umweltbezogenen Themen, die „Übungen des praktischen Lebens“ in funktionalen, entwicklungsgemäßen Lernzusammenhängen repräsentieren.

In der Gestaltung des „aktiven Klassenzimmers“ (ebd., S. 135) wurden mit der Einrichtung von „Interessenzentren“ und Arbeitsecken die Grundgedanken Freinets einbezogen. Unter Bezugnahme auf Piaget in Verbindung mit der Montessori-Pädagogik (Elkind 1978) entsteht das Konzept der „aktiven Schule“ unter Zusammenführung reformpädagogischer Ansätze.

Doch zurück zu den Grundgedanken Maria Montessoris: Angeregt durch die Arbeit mit geistig behinderten Kindern sowie den Werken von Itard und Seguin beruht der Ansatz Montessoris in seinen Kerngedanken auf der Voraussetzung einer Eigengesetzlichkeit der Entwicklung jedes Kindes, die sich jeweils nach einem individuellen Entwicklungsplan entfaltet. „Seine natürlichen Bedürfnisse äußern sich in sensiblen Phasen, in denen sich die Aufmerksamkeit des Kindes auf gewisse Ausschnitte seiner Umgebung richtet.“ (Esser/Wild 1991, S. 31, 39 f.). Diesen Prozeß zu erkennen und zu fördern, ist Aufgabe des Lehrers, der unter diesem Aspekt eine „vorbereitete Umgebung“ schafft mit Bereitstellung und Strukturierung von Materialien, die die Selbsttätigkeit des Kindes intendieren. Kernstück dabei ist die Freiarbeit.

Der Lehrer begleitet und stützt den Lern- und Entwicklungsprozeß des Kindes. Er macht mit dem Material vertraut und schafft durch seine Haltung eine Atmosphäre gegenseitigen Vertrauens und innerer Sicherheit. Mit solchem Selbstverständnis des Lehrers, beruhend auf Akzeptanz und Vertrauen in die Individualität des Kindes, gewinnt dieser eine neue Souveränität, die seine Energien und Fähigkeiten freisetzt für Umsicht, Empathie und kreative Unterrichtsarbeit unter undogmatischen Vorgehensweisen. Die Distanz zum eigenen Handeln ermöglicht „eine genaue Beobachtung der spontanen Handlungen der Kinder im Umgang mit konkreten Materialien und anderen Kindern.“ (Wild, S. 129) Eine Grundvoraussetzung, um nach dem Prinzip der „Variabilität“ (bekannt aus der lerntheoretischen Didaktik) im Unterricht flexibel reagieren zu können. Insbesondere in der sonderpädagogischen Praxis ein Schritt zu erweiterter Sichtweise in Richtung Befreiung und Abschied von Ängsten des „Nicht-Loslassen-Könnens“, von abhängigkeitserzeugender, dirigistisch-reglementierender Anleitung und aufgesetzter Leistungsmotivierung, von Überbehütung, mißverstandener Mütterlichkeit und unhinterfragter Helfertugenden. Hierzu gibt Schmidbauer (1977) in „Die hilflosen Helfer“ mit einer kritischen, wenn auch z.T. pauschalen Reflexion der Helfer-Motive Denkanstöße, die durchaus noch aktuelle Bedeutung haben.

Ein hohes Maß an Einfühlungsvermögen, Achtung und Sensibilität dem Kinde gegenüber kommen in den von Montessori verfaßten Leitsätzen zur Erzieherhaltung zum Ausdruck (Montessori 1979, S. 28 f.).

Die Grundgedanken der Selbsttätigkeit und der Bedürfnisentsprechung des Kindes – heute mit dem Konzept des offenen Unterrichts und der Freiarbeit aktualisiert – werden durch das Montessorimaterial beispielhaft verkörpert. In seinem Aufbau führt es vom Konkreten zum Abstrakten innerhalb jeweiliger Vermittlung eines Lernschrittes und unter Berücksichtigung einer Selbstkontrolle für das Kind. Neben Übungen mit Sinnes-, mathematischen, sprachlichen und Geographie-Biologie-Materialien werden vor allem „Übungen des praktischen Lebens" in der „Pflege der Umgebung, Pflege der Person", in „Übungen sozialen Lebens" und „Übungen der Bewegung" einbezogen.

Die „strukturierten Materialien" zeichnen sich aus durch eine besonders anziehende Ästhetik und Schönheit. Ihre Aufmachung vermittelt Wertschätzung und Achtung dem Kinde gegenüber und stellt ein gelungenes Beispiel einer Ästhetisierung des Unterrichtsalltags dar. Diese Beschaffenheit des Materials birgt gleichsam einen behutsamen, aufmerksamen Umgang mit Gegenständen in sich und sensibilisiert die Wahrnehmungsfähigkeit. Das damit einhergehende ordnende, strukturierende Handeln wird mit der besseren Überschaubarkeit durch „Interessenzentren" unterstützt. Am Beispiel der „aktiven Schule" (Wild 1992) gibt es sowohl Spielecken mit vielfältigen Spielmaterialien als auch Arbeitsecken zum kreativen und produktiven Basteln, Malen und Werken, eine Leseecke, eine „Familienecke" mit Eßzimmer, Küche und Telefon und Puppenbetten sowie eine Druckecke, in der Briefe gedruckt, Schreibmaschine geschrieben und Texte verfaßt werden können.

Ein so strukturierter Klassenraum ermöglicht mit hohem Aufforderungscharakter zu Lernaktivitäten vielfältiger Art eine funktionale Einbettung von Lernsituationen in die direkte Lebensumwelt. Für die Unterrichtsarbeit in der Geistigbehindertenschule stellt dieser Ansatz eine entwickelte Pädagogik dar, die das kindgemäße Lernen in den Mittelpunkt stellt. Als Erweiterung für Kinder, denen Basiserfahrungen mit unterschiedlichen Merkmalen fehlen, werden eine „Vielzahl von unstrukturierten Materialien zum Gestalten, Erkunden und Experimentieren angeboten" (ebd.).

Grundlegende Erfahrungsmöglichkeiten bieten hier wiederum die Übungen des praktischen Lebens; Materialien und Inhalte werden mit Löffeln verschiedenster Art in Gefäße gefüllt, das Gießen mit farbigen Flüssigkeiten in unterschiedliche Gefäße geübt, Metalle behandelt und poliert, Blumen gepflegt und Verschlüsse geübt.

Die Tatsache, daß im „offenen System" Kinder mit mehrjährigen Altersunterschieden und unterschiedlichen Entwicklungsniveaus in heterogenen Gruppen zusammenarbeiten, bewirkt gleichsam ein funktionelles Lernen in anregender, sozialer Begegnung. Mit diesem Anliegen des

Konzepts und seiner Materialbeschaffenheit erreicht die Montessori-Pädagogik alle Entwicklungs- und Altersstufen der Kinder.

Überschaubarkeit, Strukturierung und Herausforderung der Sinne durch eine wohldurchdachte „vorbereitete Umgebung“ sind Orientierungshilfen für die Umsetzung der genannten Grundideen in unserer Arbeit. Dieses erfordert Kenntnis, reflektierte Erfahrung und ein feeling für die Wahrnehmungskapazität und Wahrnehmungsentwicklung der Schüler, die sich ganz bestimmt nicht in überfrachteten Klassenräumen und einer unüberschaubaren Quantität von Materialien ausdrückt, sondern auf die Auswahl des Wesentlichen in ästhetischer Qualität achtet. Mit der Überführung der Montessori-Pädagogik in die direkte vielfältige Lebensumwelt einer solchermaßen lebendig gestalteten Unterrichtsarbeit wird die anthropologisch ganzheitliche Orientierung dieses Konzepts für die aktuelle Unterrichtsarbeit in der Geistigbehindertenschule wegweisend: Einer personalen wie auch sozialen Desintegration wird hiermit begegnet – ein ganzheitlicher Lebenssinnbezug zu erschließen versucht.

Ein Konzept, das die Polarisierung zwischen „allgemeiner“ und „spezieller“ Pädagogik aufzuheben vermag und darüber hinaus wesentliche Anstöße zu einer neu überdachten Lehrer/Schüler-Beziehung anbietet.

Am Beispiel der „aktiven Schule“ wird deutlich, daß es sinnvoll und fruchtbar erscheint, Konzepte und Theorien (hier der Reformpädagogik) von komplementären theoretischen Ansätzen miteinander zu verbinden. Ansätze, die Individuum und Gesellschaft und ihre „ökologischen Perspektiven“ (Speck 1991) in den Mittelpunkt einer ganzheitlichen Konzeption stellen.

Heutige Rückgriffe auf diese Ansätze der Reformpädagogik – die wiederum zu Anfang dieses Jahrhunderts eine Reaktion auf drohende Isolierung des Schülers, auf Zersplitterung der Lehrstoffe, auf Einseitigkeit und Monotonie der Herbartianer war – in Form des „offenen Unterrichts“, des „exemplarischen Lernens“, freinetpädagogischer Arbeitsweisen sind eine Antwort auf das Zwangskorsett jener „teacher-proof-curricula“, die mit ihrer Lernzielhierarchisierung, ihrer detailperfekten Operationalisierung „noch das letzte Leben in dem Lernsystem (= Lehrer) und in dem Lehrsystem (= Schüler) zu ersticken verstehen.“ (Haarmann 1989, S. 22)

Die Montessori-Pädagogik entspricht dem Theorieansatz, der zum historischen Umfeld des „handlungsorientierten Unterrichts“ und zu Formen des „offenen Unterrichts“ führt.

Literatur

Böhm, W.: Maria Montessori. Hintergrund und Prinzipien ihres pädagogischen Handelns. Bad Heilbrunn/Obb. 1969

Elkind, D.: Zwei entwicklungspsychologische Ansätze: Piaget und Montessori. In: Die Psychologie des 20. Jahrhunderts. Bd. VII. Piaget und die Folgen. Zürich 1978

Esser, B., Wilde, Chr.: Montessori-Schulen. Reinbek 1989

Freinet, C.: Pädagogische Texte. Mit Beispielen aus der praktischen Arbeit nach Freinet. Reinbek 1980

Fuchs, B., Harth-Peter, W. (Hrsg.): Montessori-Pädagogik und die Erziehungsprobleme der Gegenwart. Würzburg 1989

Gross, R.: Unterrichtsreform und Klassenraum. Stuttgart 1963

Grunwald, C.: Montessori-Erziehung in Familie, Kinderhaus und Schule. Nachdruck vom Arbeitskreis für Montessori-Pädagogik e.V. Berlin 1990

Günnigmann, M.: Montessori-Pädagogik in Deutschland. Bericht über die Entwicklung nach 1945. Freiburg 1979

Hellbrügge, Th., Montessori, M. (Hrsg.): Die Montessori-Pädagogik und das behinderte Kind. München 1978

Hellbrügge, Th.: Unser Montessori Modell. München 1977

Holtstiege, H.: Erziehung, Emanzipation, Sozialisation. Heilbronn 1973

Holtstiege, H.: Maria Montessori und die „reformpädagogische Bewegung". Freiburg 1989

Holtstiege, H.: Maria Montessoris Neue Pädagogik: Prinzip Freiheit – Freie Arbeit. Freiburg 1986

Holtstiege, H.: Modell Montessori. Freiburg 1977

Holtstiege, H.: Montessori-Pädagogik.in: Lenzen, D. (Hrsg.): Pädagogische Grundbegriffe. Bd. 2. rororo 1989, S. 1060–1071

Montessori, M.: Spannungsfeld Kind – Gesellschaft – Welt. Freiburg 1979

Montessori, M.: Das kreative Kind. Freiburg 1978

Montessori, M.: Die Entdeckung des Kindes. Freiburg 1977, 5. Aufl.

Montessori, M.: Grundlagen meiner Pädagogik. Heidelberg 1986

Montessori, M.: Kinder sind anders. Stuttgart 1971, 9. Aufl.

Montessori, M.: Schule des Kindes. Freiburg 1976

Montessori, M.: Von der Kindheit zur Jugend. Freiburg 1979

Montessori, M. M.: Erziehung zum Menschen. München 1977

Montessori, R., Schneider-Henn, K.: Uns drückt keine Schulbank. Stuttgart 1983

Montessori-Material Teil 1. Handbuch für Lehrgangsteilnehmer. Zelhem 1978

Oswald, P., Schulz-Benesch, G. (Hrsg.): Grundgedanken der Montessori-Pädagogik. Freiburg 1987

Oswald, P.: Der Freiheitsbegriff bei Maria Montessori. In: Montessori-Werkbrief 1983, H. 3/4, S. 59–67

Schmidbauer, W.: Die hilflosen Helfer. Über die seelische Problematik der helfenden Berufe. Reinbek 1977

Schmidbauer, W.: Helfen als Beruf. Die Ware Nächstenliebe. Reinbek 1983

Wild, R.: Erziehung zum Sein. Erfahrungsbericht der aktiven Schule. Heidelberg 1991, 5. Aufl.

Wild, R.: Sein zum Erziehen. Mit Kindern leben lernen. Heidelberg 1991, 2. Aufl.

4.6 Zusammenfassung

Bei aller wünschenswerten „Methoden-Komplementarität“ (Speck 1991) ist unter Verweis auf eingangs geschilderte Ansätze zu resümieren: Isolierte und gesellschaftlich isolierende „Förder“-Konzepte oder „Programme“, die losgelöst von einer ganzheitlich erfaßten Ausgangslage des Kindes lediglich Teilfunktionen trainieren, ohne Einbettung in einen übergreifenden Sinnzusammenhang und ohne ganzheitliche Orientierung auf ein umfassendes Erziehungskonzept, sind konsequent zurückzuweisen.

Ein ganzheitliches Konzept, unter dem häufig verwendeten Terminus „ökologische Orientierung“ (Speck 1991, S. 247; Theunissen 1992, S. 23) meint das zu berücksichtigende Interdependenzverhältnis zwischen Individuum und Umwelt bzw. die dialektischen Beziehungen des Einzelnen zu seinen Lebenswelten.

Der im Austauschprozeß mit verschiedenen Lebenswelten als behindert Definierte kommt mit Lebensverhältnissen von Bereichen in Beziehungsverhältnisse, die – ausgehend von Familie und Wohngruppe als Nahbereich (Bronfenbrenner 1981) – über Schule, Werkstatt bis hin zu entfernteren übergreifenden gesellschaftlichen Normen und Verknüpfungen die Ganzheitlichkeit seiner Ausgangslage darstellen.

Hier wird deutlich, daß unter „ökologischer Orientierung“ keineswegs ein naturgegebener und demnach „wertfreier“ Austauschprozeß gemeint sein kann.

Vielmehr muß eine Unterscheidung von „Lebenswelten“ und „Systemen“ (im Sinne Habermas) vorgenommen werden, wobei Systeme eine Einschränkung und Bedrohung von Lebenswelten (Administration, systemerhaltende Machtinteressen) darstellen können, wie aus der deutschen Geschichte des Sonderschulwesens und der Heilpädagogik deutlich wurde (vgl. Jantzen 1982). Auch wird dieses aktuell an einschränkenden (die Lebenswelten eingrenzenden) Tendenzen tradierter, konservativer Sonderpädagogik sichtbar, die im Sinne selbsterhaltender Interessen ihres Systems einen Aufbruch der Sonderschule in integrative Schulmodelle oder auch offene Unterrichtsformen eher verzögern möchte.

Eine ökologische Orientierung hat Interessen und Positionen zu vertreten, die sich nicht mit dem Anspruch der Ganzheitlichkeit von selbst durchsetzen. Den Leitsätzen Montessoris müßte der Vollständigkeit halber auch das „kämpferische“, gesellschaftskritische „Gebot“ für den Erzieher und Lehrer hinzugefügt werden. Ökologische Orientierung bedeutet nicht, sich zu bescheiden auf zugewiesene Nischen von Lebenswelten für „Behinderte“, sondern bedeutet für die aus vielen Lebenswelten anderer Ausgesonderten eine Interessenbeanspruchung in Richtung Erweiterung und Normalisierung des Austausch- und Erfahrungsprozesses, um einer Isolation im Aneignungsprozeß und damit verbundener Deformierung der Persönlichkeit entgegenzuwirken.

Literatur

Bronfenbrenner, U.: Die Ökologie der menschlichen Entwicklung. Stuttgart 1981

Habermas, J.: Die neue Unübersichtlichkeit. Frankfurt/M. 1985

Jantzen, W.: Sozialgeschichte des Behindertenbetreuungswesens. Deutsches Jugendinstitut München 1982

Speck, O.: System Heilpädagogik. Eine ökologisch-reflexive Grundlegung. München, Basel 1991

Theunissen, G.: Neuere Ansätze zur Förderung schwerstbehinderter Menschen und Perspektiven für die heilpädagogische Arbeit. In: Zeitschrift für Heilpädagogik 1992

5. Überlegungen und Perspektiven zu einer verbindlichen Pädagogik

5.1 Handelnder Unterricht

Angesichts einer Zersplitterung in verschiedene Methoden- und Theorieansätze ist auf einen notwendigen wissenschaftlichen Theorie – Praxis – Bezug hinzuweisen, der als Orientierungsgrundlage eine Verknüpfung der im vorhergehenden präferierten Ansätze ermöglicht.

Ausgehend von den Fragen nach Spezifik menschlichen Lernens sowie nach einer Persönlichkeitstheorie sei auf das der materialistischen Tätigkeitstheorie verbundene Konzept des „Handelnden Unterrichts" verwiesen – in Anlehnung an die Kulturhistorische Schule (entwickelt von Wygotski 1977, Leontjew 1982, Galperin 1980), der sich Autoren wie W. Jantzen, B. Bohr und I. Mann verpflichtet fühlen. Feuser/Meyer (1986) begründen ihr Konzept des integrativen Unterrichts ebenfalls auf die neuropsychologischen Grundlagen der Aneignungstheorie (S. 97 f.).

Für unsere Schüler, insbesondere für schwerstbehinderte Schüler auf frühen Entwicklungsniveaus, kommen den neurophysiologischen Untersuchungen der höheren Hirnfunktionen größte Bedeutung zu (Luria 1970). Luria spricht von „funktionellen Neubildungen in der Arbeit des Gehirns, die von den gesellschaftlichen Formen des Lebens hervorgebracht werden".

Die drei Prinzipien – der „funktionalen Hirnorganbildung", der „dynamischen Lokalisation", das „Prinzip der funktionellen Polyvalenz" – verweisen auf die Kompensationsfähigkeit und auf die Bedeutung von Umweltbedingungen, die für den Aufbau und für die qualitative Ausbildung funktionaler Hirnsysteme Voraussetzung sind.

Grundlagen, die für die Strukturierung von Aneignungsprozessen bei behinderten (und nicht-behinderten) Kindern von entscheidender Bedeutung sind (vgl. Rohr 1980, S. 115 f.; Theunissen 1992, S. 20 f.).

Pädagogischer Optimismus ist demzufolge nicht unbegründet, da wir mit diesen Kenntnissen wichtige Möglichkeiten zur adäquaten Analyse und Strukturierung von Lernen und Prozessen der Aneignungstätigkeit erhalten. Andererseits wird auch ein gesellschaftskritischer Ansatz begründet, der Ursachen von Störungen im Aneignungsprozeß als kausale Zusammenhänge zwischen Individuum und Gesellschaft nachweist. „Die schulischen Lehr- und Lernprozesse entsprechen häufig nicht der Spezifik des menschlichen Aneignungsprozesses" (Rohr 1980, S. 118 f.), so daß als Folge mitverursacht Behinderung in der Realitätserschließung entsteht.

Die Grundgedanken der Aneignungstheorie – hier nur verkürzt skizziert – basieren auf der Lehre von der etappenweise Herausbildung geistiger Handlungen (Galperin).

Die Niveaustufen dieses Prozesses – Motivation und Orientierung, Handlung mit Gegenständen, äußere Sprache ohne Gegenstände (z.B. bildhafte Darstellung), Handlung auf der Grundlage verkürzter äußerer Sprache, Handlung auf innersprachlicher Grundlage – führen über Tätigkeitsprozesse sinnlicher, materalisierter Handlungen auf unterschiedlichen Niveaustufen der Verinnerlichung (Interiorisation) zur Bewußtseins- und Kompetenzentwicklung (Exteriorisation) (ebd., S. 63 f.).

Um Lernen optimal zu gestalten, muß sich der Unterricht als „Schrittmacher" der Entwicklung, ausgehend „von der Zone der aktuellen Leistung" an „der Zone der nächsten Entwicklung" orientieren. Die genannten Niveaustufen bilden zwar die Grundlage einer Theorie des Lernens – sollten aber nicht als unmittelbares Phasen- oder Stufenmodell im Unterricht angesehen werden (Jantzen 1983).

Dagegen ist es notwendig, den didaktischen Zusammenhang von Sach-, Tätigkeits- und Handlungsstrukturanalyse (vgl. Feuser/Meyer 1986, S. 40) herauszuarbeiten, was m. E. in der gegenwärtigen Didaktik eine größere Gewichtung erfahren könnte.

Anschauliche Beispiele für die Umsetzung der Tätigkeitstheorie in die Praxis unter Berücksichtigung benannter Niveaustufen liegen u.a. von Mann (1992) vor, die in ihrer Arbeit mit geistigbehinderten Erwachsenen einer Werkstatt ein Förderangebot zur Vermittlung der Kulturtechniken aufzeigt. Ihre lebendig dargestellten Unterrichtsbeispiele sind nicht als methodisches Aufbauprogramm mißzuversehen, sondern stellen eine Verdeutlichung des Lernens nach der Aneignungstheorie und dessen Strukturierung dar. Lompscher verweist in einer Reihe von Untersuchungen innerhalb anderer Zusammenhänge auf eine Steigerung der Lernleistungen durch Umsetzung der russischen Lerntheorie (vgl. Miessler/Bauer 1978). Mit der Aufbereitung eines Projektthemas unter Anlehnung an die Aneignungstheorie, mit handlungs- und bedürfnisorientierter Aufarbeitung, ausgehend von der Zone der aktuellen Leistung und in Orientierung auf die Zone der nächsten Entwicklung versucht Fischer (1978, S. 210) eine unterrichtliche Umsetzung anhand theoretisch-konkreter Grobplanung.

Die Tätigkeitstheorie und das materialistisch begründete Konzept des „Handelnden Unterrichts" unter entsprechend didaktisch-methodischer Berücksichtigung des Etappenmodells setzt sich infolge ideologischer Implikationen und antikommunistischer Voreingenommenheit in der Bundesrepublik nur vereinzelt durch, während sie in Holland recht früh Berücksichtigung fand (Parreren/Carpay 1980). Eine kritische Auseinandersetzung mit dem Theorieansatz, die förderlich für eine Weiterentwicklung sein könnte, versucht Gudjons in Mann (1991, S. 12 ff.). Er hält diesen Ansatz als einzigen Theorieansatz für problematisch und fordert eine Erweiterung durch eine kritische Theorie des Subjekts. Er verweist auf die Gefahr eines nur einseitigen Anpassungsprozesses der „inneren Tätigkeiten" entgegen zu hinterfragender gesellschaftlicher Widersprüche bzw. Normvorstellungen und hält es für fragwürdig, das Konzept einer speziellen Gesellschaftsordnung in einen anderen Gesellschaftsrahmen zu übertragen, ohne vorherige genaue Analyse der neuen Bedingungen etc. Die Grenzen der Anwendungsmöglichkeit im Hinblick auf unterschiedliche Lerninhalte müssen, so Gudjons, reflektiert werden; insofern darf die Aneignungstheorie nicht dogmatisch verwendet zu einer „neuen Formalisierung pädagogischer Prozesse" führen (ebd., S. 14).

Barbara Rohr weist in ihrem fundiert dargestellten Konzept des handelnden Unterrichts nach, daß – obwohl noch Fragestellungen offenbleiben – der Handelnde Unterricht aufgrund seiner bedürfniszentrierten, emanzipatorischen Ansätze unter Berücksichtigung differenzierter Sach-, Tätigkeits- und Handlungsstrukturanalysen durchaus andere fortschrittliche pädagogische Ansätze zu integrieren vermag (vgl. Rohr 1980, S. 133 f.). Mit ihren Thesen zum Konzept des Handelnden Unterrichts unter Einbeziehung grundlegender Ergebnisse der kritischen Psychologie (Holzkamp, Osterkamp, Jantzen u.a.) leistet sie einen wissenschaftlich anspruchsvollen Beitrag zu einer gesellschaftskritischen, aktuellen Pädagogik. Die wissenschaftliche Grundlegung dieser Art kann nicht außer Zweifel gestellt werden und verdient stärkere Berücksichtigung in der Lehrerausbildung. Sie kann nicht durch eine veränderte Terminologie (vgl. Meyer 1991) in Richtung reformpädagogischer Ansätze handlungsorientierten Lernens ihrer wissenschaftlichen Bedeutung enthoben und in ihrem Ansatz verwässert werden.

5.2 Handlungsorientierter Unterricht

Mit der Abwendung vom Handelnden und der Hinwendung zum „Handlungsorientierten Unterricht“ verbleibt Gudjons (1991) in seinen Thesen zum Handlungsorientierten Unterricht in einer deskriptiven Aneinanderreihung von Implikationen, die zwar das Umfeld von Handlungsorientierung beschreiben, nicht aber einen gleichermaßen umfassenden Theorieansatz vermitteln, hinter dem materialistischen Ansatz des Handelnden Unterrichts zurück (vgl. Gudjons in: Mann 1991, S. 15 f.).

Der auf wenig stringenter Theorie fußende Sammelbegriff des „Handlungsorientierten Lernens“, der aus vielerlei positiven Ansätzen reformpädagogischer Tradition hervorgegangen ist und sich auf Grundlagen Piagets stützt, soll wegen seiner vielen methodisch-didaktischen Ideen und Anregungen insbesondere zur Schüleraktivität und hinsichtlich projektorientierten Lernens als unterrichtspraktisches Modell herangezogen werden. Dieses Konzept vertreten neben anderen Gudjons (1986) Bönsch· (1986) und Meyer (1991); es zeigt viele Parallelen zur „aktiven Schule“ (vgl. 4.5).

In Anlehnung an Meyer möchte ich die wesentlichsten Gedanken hierzu skizzieren.

Die „Merkmale“ des Handlungsorientierten Unterrichts, als prozeßorientierte Beschreibungen und nicht als „Prinzipien“ verstanden, sind „Ganzheitlichkeit“ unter „personalen“, „inhaltlichen“ und „methodischen“ Aspekten (vgl. Meyer 1991, S. 355). Personale Ganzheitlichkeit berücksichtigt die Bildung des ganzen Menschen mit „Kopf, Herz und Hand“; inhaltliche Ganzheitlichkeit richtet sich auf die Interessen und Bedürfnisse des Schülers, und Ganzheitlichkeit unter methodischem Aspekt variiert projektorientiertes Lernen mit Methodenvielfalt. Als weiteres Merkmal wird die „Schüleraktivität“ in der „Dialektik von Führung und Selbsttätigkeit“ genannt (ebd.). Im Mittelpunkt des „Handlungsorientierten Lernens“ stehen „Handlungsprodukte“ in unterschiedlichen „Symbolisierungsformen“ (Wandzeitung, Rollenspiel, Hörspiel, Zeitung etc.), die zu Projekten und Vorhaben ausgeweitet werden können, unter Berücksichtigung der subjektiven Bedürfnisse des Schülers, seiner möglichen Partizipation an Planung, Durchführung und Auswertung des Unterrichts (ein Aspekt, der in der Unterrichtsarbeit mit geistig behinderten Schülern leider noch immer zu wenig Berücksichtigung findet).

Abschließend sei voller Hoffnung verwiesen auf die neue Lehrergeneration und auf deren Ausbildung in der zweiten Ausbildungsphase. Kooperation, Solidarität und Lust am eigenen Lernen, wie oben beschrieben, sind ganz gewiß nicht – hoffentlich ungewollt – intendierte Schwerpunkte, die durch die Strukturen der Ausbildungsinhalte und der Ausbildungsorganisation gefördert werden. Eher, möchte ich provokativ behaupten, sind die Ausbildungsstrukturen dazu angetan, auf solcherart mitgebrachte Einstellungshaltungen zu verzichten (obwohl sie andererseits ein immanentes Beurteilungskriterium darstellen). Ein wesentlicher Grund liegt einerseits in dem geringen Ausbildungsgefälle zwischen Ausbildern und Auszubildenden. Letztlich bilden Sonderschullehrer ohne spezifische Fachkenntnisse in dem sich mit ihrer Tätigkeit neu konstituierenden Bereich erwachsene Menschen zu Sonderschullehrern aus. Infolge dessen ist eine zusätzliche Qualifizierung von Ausbildern in Grundkenntnissen der Erwachsenenpädagogik, aber auch hinsichtlich aktueller fachwissenschaftlicher Theorie-Praxis-Kenntnisse (nicht nur) aus der Behindertenpädagogik unerläßlich.

Literatur

Bayer, M.: Alternativen in der Lehrerorganisation. Kooperation und Selbstorganisation. Ein Arbeitsbuch der GEW. Reinbek 1982

Bayer, M.: Lehrerausbildung und pädagogische Kompetenz. Eine Untersuchung über normative, institutionelle und curriculare Merkmale in der pädagogischen Ausbildung von Sekundarschullehrern. Frankfurt/M. 1978

Bettelhäuser, Plate u.a.: Bibliographie zur zweiten Phase der Lehrerausbildung. In: Gründer (Hrsg.) 1980

Bönsch, M.: Unterrichtskonzepte. Baltmannsweiler 1986

Feuser, G., Meyer, H.: Integrativer Unterricht in der Grundschule – Ein Zwischenbericht. Solms-Oberbiel 1986

Fischer, D.: Neues Lernen mit Geistigbehinderten. Eine methodische Grundlegung. Würzburg 1978

Gudjons, H.: Handelnder Unterricht. In: Mann, I.: Schlechte Schüler gibt es nicht. Weinheim, Basel 1991, 5. Aufl.

Gudjons, H.: Handlungsorientiert lehren und lernen. Projektunterricht und

Schüleraktivität. Bad Heilbrunn 1986

Haarmann, D.: Was heißt hier „offen"? Über die Mehrdeutigkeit etablierter Unterrichtskonzepte. In: Kasper, H.: Laßt die Kinder lernen – Offene Lernsituationen. Braunschweig 1989

Hiebsch, H.: Ergebnisse der sowjetischen Psychologie. Stuttgart 1969

Jank, W., Meyer, H.: Didaktische Modelle. Frankfurt/M. 1991

Jantzen, W.: Abbild und Tätigkeit. Studien zur Entwicklung des Psychischen. Solms-Oberbiel 1986

Jantzen, W.: Galperin lesen. Anmerkungen zur Entwicklung einer historisch-materialistischen Theorie schulischen Lernens. In: Demokratische Erziehung. 9. Jg. 5/1983

Leontjew, A. N.: Tätigkeit – Bewußtsein – Persönlichkeit. Köln 1982

Mann, I.: Lernen können ja alle Leute. Lesen-, Rechnen-, Schreibenlernen mit der Tätigkeitstheorie. Weinheim, Basel 1992, 2. Aufl.

Mann, I.: Schlechte Schüler gibt es nicht. Initiativen für die Grundschule. Weinheim, Basel 1991, 5. Aufl.

Meyer, H.: Unterrichtsmethoden I: Theorieband. Frankfurt/M. 1988, 2. Aufl.

Miessler/Bauer: Neues Lernen mit Geistigbehinderten. Wir lernen denken. Würzburg 1978

Rohr, B.: Handelnder Unterricht. Versuche zur Bestimmung eines materialistisch orientierten Unterrichts bei lernbehinderten Schülern. Heidelberg 1982, 2. Aufl.

II. PLANUNG, DURCHFÜHRUNG UND ANALYSE VON UNTERRICHT IN DER SCHULE FÜR GEISTIGBEHINDERTE

von Helga Heits

Einleitung

In diesem praxisbezogenen Kapitel wird das Interdependenzverhältnis von Planung, Durchführung und Analyse des Unterrichts in der Schule für Geistigbehinderte herausgearbeitet. Die Stellung einer Unterrichtsstunde im Kontext der projektorientierten Planung wird geklärt. Mit der Beschreibung von Planungs- und Analysekriterien, die sich gegenseitig bedingen, werden Möglichkeiten zur Gliederung von Unterrichtsentwürfen und der Anfertigung von Unterrichtsanalysen aufgezeigt.

Die zahlreichen Beispiele sollen die Leserinnen und Leser ermuntern, Anregungen für ihre eigene Unterrichtsarbeit zu übernehmen und sie ermutigen, eigene Unterrichtskonzepte zu entwickeln und zu erproben.

Allen denjenigen, die aus dem „Planungsdickicht“ nicht mehr herausfinden, sei hiermit ein Weg gewiesen, der in der Unterrichtspraxis erprobt wurde und sich bewährt hat.

Die folgenden Überlegungen und Anregungen zur Unterrichtsarbeit beziehen sich auf Klassen mit einer Schülerschaft, die auch einen Anteil schwerstmehrfachbehinderter Schüler aufweist. Die Bildung von Klassen nur für schwerstmehrfachbehinderte Schüler halte ich aus folgenden Gründen für problematisch: Es werden an das Personal hohe Anforderungen gestellt, aber Personalmangel ist eher die Regel denn die Ausnahme. Die Unterrichtsbeispiele von Dank, E. Fischer/Mertes, Breitinger/D.Fischer gehen von idealen Arbeitsbedingungen aus.

Die Verteilung schwerstmehrfachbehinderter Schüler auf alle Klassen hat folgende Vorteile: Alle Schüler profitieren von den gemeinsamen Aktivitäten im Klassenraum, ein Gruppengefühl ist vermittelbar, sie können sich mit ihren individuellen Stärken ergänzen und damit zum gemeinsamen Unterrichtsergebnis beitragen, indem sie sich gegenseitig Impulse und Anregungen auch verbaler Art geben. Der Unterricht kann gemeinsam mit den Schülern geplant werden. Diese können an Entscheidungsprozessen beteiligt werden und eventuell eigene Entscheidungen treffen. Auch schwerstmehrfachbehinderte Schüler haben Ausdrucksmöglichkeiten, mit denen sie Annahme oder Ablehnung von Wahrnehmungsreizen oder Handlungen kundtun. Um dies richtig zu erkennen und zu steuern, wird ein besonderes Maß an Sensibilität und Einfühlungsvermögen von den Pädagogen notwendig. Diese Schüler sollten niemals gegen ihren Willen mit Wahrnehmungs- und Handlungsprozessen konfrontiert werden.

Bereits in der 1. Auflage unseres Buches (1980) haben wir gefordert: „Keine falsch verstandene Differenzierung im Sinne von geistigbehindert und schwerstbehindert". Auf die Problematik wurde damit bereits frühzeitig hingewiesen.

Jede Planung erfolgt auf der Grundlage von Richtlinien der jeweiligen Bundesländer. In Bayern und Niedersachsen sind die Richtlinien bis auf das Vorwort identisch. Da ich bis jetzt in Berlin und Niedersachsen unterrichtet habe, werden in den folgenden Planungsbeispielen die bayerisch/niedersächsischen Richtlinien und der Berliner Rahmenplan berücksichtigt. Leser aus anderen Bundesländern brauchen deshalb dieses Buch nicht gleich aus der Hand zu legen, denn es geht hier um Aspekte und Grundsätze einer guten Planung. Zur inhaltlichen Diskussion von Rahmenrichtlinien sei auf Kap. I.3 verwiesen.

Die bayerisch/niedersächsischen Richtlinien sind offen angelegt, d.h. die Lernziele und Hinweise beziehen sich nicht auf Schulstufen. Jede Schule erhält deshalb den Auftrag, einen schuleigenen, standortbezogenen Lehrplan für die einzelnen Schulstufen zu entwickeln. Vor diesem Hintergrund erfolgt dann die Planung für eine bestimmte Klasse. Der Vorteil dieser Richtlinien ist, daß eine weitreichende Offenheit für die Planung von Unterricht mit schwerstmehrfachbehinderten Schülern besteht (vgl. Dittmann u.a., S. 48, 49).

Im Berliner Rahmenplan sind Inhalte und Ziele den jeweiligen Schulstufen und Unterrichtsbereichen zugeordnet. Die angegebenen Minimalziele sind in Bezug auf den Unterricht mit schwerstmehrfachbehinderten Schülern enger gefaßt (vgl. Dittmann u.a., S. 46,47).

In Niedersachsen gibt es bis jetzt keine Abschluß- oder Werkstufe an den Schulen für Geistigbehinderte (vgl. Heits 1984, S. 184). Voraussichtlich wird zum Schuljahr 1992/93 eine Abschlußstufe mit den entsprechenden Rahmenrichtlinien eingeführt.

1. Die projektorientierte Planung

1.1. Begründung

Unterrichtsstunden, Unterrichtseinheiten, Lern- und Trainingsbereiche sollten in einen ganzheitlichen, projektorientierten Unterricht eingebettet sein. Vielfach ist in diesem Sinne auch vom vorhabenorientierten Unterricht die Rede. Plant man ein Projekt mit geistigbehinderten Schülern, so darf man natürlich nicht wortwörtlich an den ursprünglichen Sinn des Projektunterrichts denken. Projektorientierter Unterricht mit geistigbehinderten Schülern bedeutet, daß die Schüler ihren Fähigkeiten und Interessen entsprechend so weit wie möglich an der Planung eines sich über einen längeren Zeitraum erstreckenden Themas beteiligt werden und lernen, Entscheidungen zu treffen. Die Interessen und Bedürfnisse aller Schüler einer Klasse werden bei dieser Unterrichtsform berücksichtigt, und ein handlungsorientierter Unterricht wird möglich (vgl. Buchka, Meyer 1991, Mühl).

Das Thema einer einzelnen Stunde kann nicht isoliert geplant und durchgeführt werden, sondern es steht jeweils in einem komplexen Sinn- und Sachzusammenhang. Diese Zusammenhänge gilt es transparent zu machen und unter Einbeziehung von Lernbereichen über bestimmte Zeiträume zu verteilen und zu planen. Hierzu sind ausgehend von den Schülervoraussetzungen, den entsprechenden Richtlinien und dem schuleigenen Unterrichtskonzept folgende Planungsschritte empfehlenswert:

- Anlage einer „Schülerkartei“, in der die Interessen, Bedürfnisse, das Vorwissen und die Lernfortschritte der Schüler beschrieben werden.
- Ausarbeitung einer Jahresplanung mit Projekten, Einheiten, Inhalten, Zielen und Hinweisen.
- Erstellung eines Arbeitsplans, der für einen bestimmten Zeitraum gilt und ein bestimmtes Projekt ausführlicher beschreibt, indem unter Einbeziehung von Lern- und Trainingsbereichen bereits Inhalts- und Zielentscheidungen getroffen werden (Anm.: Bei Peterßen bezieht sich dieser Begriff auf die Jahresplanung).
- Aufstellung der Förderpläne auf der Grundlage des Arbeitsplanes und der entsprechend aktualisierten Schülerkartei.
- Die Wochenplanung: Gemeinsam mit den Schülern werden die Themenschwerpunkte für eine Woche festgelegt.

- Die Unterrichts„stunde“: Sie dauert keine 45 Minuten, sondern das Durchhalte- und Konzentrationsvermögen der Schüler und der Unterrichtsgegenstand selbst bestimmen die Unterrichtsdauer.

Diese Pläne sollten stets dahingehend überprüft werden, ob die angestrebten Projekte, Ziele und Inhalte zu dem aktuellen Zeitpunkt noch bedeutsam sind oder ob nicht einem anderen Thema Vorrang eingeräumt werden sollte.

1.2. Beispiele für die projektorientierte Planung

1.2.1 Die Schülerkartei

Gerade wenn auch schwerstmehrfachbehinderte Schüler unterrichtet werden, ist es unerläßlich, auch kleinste Lernfortschritte zu notieren. Hierzu eignet sich die Anlage einer Schülerkartei. Zwischen dieser und allen anderen Planungsstationen besteht ein Interdependenzverhältnis (vgl. Kap. 2, Übersicht). Zum einen gehen die Aussagen direkt in die Planungen ein, zum anderen ergeben sich aus den Planungsstationen und ihrer praktischen Durchführung neue Informationen über jeden Schüler, die dann wiederum in die Schülerkartei eingetragen werden. Hierdurch bleibt die Planung stets aktuell und revidierbar. Die projektorientierte Planung ist also keine statische Größe, die einmal für einen bestimmten Zeitraum aufgestellt, in dieser Form auch verwirklicht werden muß.

Die Schülerkartei kann zusammen mit dem Unterrichtsentwurf Prüfern oder Beobachtern vorgelegt werden. Bewährt hat sich die Anlage eines Ringbuches oder Ordners, in den zusätzlich die aktuellen Pläne eingeheftet werden können. Ein weiterer Vorteil ist, daß der Ordner von Vertretungslehrern eingesehen werden kann.

Manche Ausbildungsseminare legen es ihren Anwärtern nahe, aus Gründen des Datenschutzes auf die Hereinnahme diagnostischer und medizinischer Daten in den Unterrichtsentwurf zu verzichten. Eine Schülerkartei, die in der Ausbildungsschule verbleibt und von dem zuständigen Pädagogenteam geführt wird, bietet demgegenüber entscheidende Vorteile.

Für eine bessere Übersicht über die zahlreichen Lernbereiche der bayerisch/niedersächsischen Richtlinien empfehle ich für die Schülerkartei und die folgenden Planungsteile eine Zusammenfassung von Lernbereichen zu den folgenden Lernbereichsgruppen (Begründung s. Kap. 1.2.5).

Die Zusammenfassungen erfolgen unter den Gesichtspunkten Lernverbindungen der einzelnen handlungs- und fachorientierten Lernbereiche zueinander und thematische Zusammenhänge zwischen ihnen.

Zusammenfassung von Lernbereichen zu Lernbereichsgruppen

1. *Lebenspraktischer Unterricht:*
   Selbstversorgung, Spielen, Freizeit, soziale Beziehungen, Heimat, Natur, Technik, Zeit, Verkehr, Hauswirtschaft
2. *Kulturtechniken:*
   Mathematik, Lesen, Schreiben
3. *Kreativer Bereich:*
   Ästhetische Erziehung, Werken, Textilarbeit
4. *Rhythmisch - musikalischer Bereich:*
   Musik, Rhythmik
5. *Bewegungserziehung/Sport*

Diese fünf Lernbereichsgruppen sind jeweils mit den vier entwicklungsorientierten Lernbereichen Wahrnehmung, Sprache, Denken, Motorik verknüpft.

Für jede Lernbereichsgruppe wird eine neue Seite angelegt, so daß die Beobachtungen fortlaufend notiert werden können. Die Zeiträume entsprechen denen des Jahresplans und der Arbeitspläne.

Den eigenen Beobachtungen geht die Absprache mit dem abgebenden Klassenteam des Schülers voraus. Weitere Informationen sind der Schülerakte und Gesprächen mit Eltern oder Erziehern zu entnehmen.

In gewissen Zeitabständen sollten die Beobachtungen, die deskriptiv sind, interpretiert werden, um eine Entscheidung über die weitere Förderung eines Schülers treffen zu können.

Anwendungsbeispiel Schülerkartei

Name: *A.*
Alter: *12 Jahre*
Schulbesuchsjahr: 6.
Adresse:
Tel.:

Diagnose:
Unklares Mißbildungssyndrom mit Minderwuchs, Dystrophie, ausgeprägte statomotorische Retardierung mit athetoidem Bewegungsmuster und generalisierten Krampfanfällen bei Hypoglukämie und Neurodermitis

Medikamente:
Bei Anfall 1 Rectiole Diazepam
Aufbewahrungsort: Kühlschrank Medienraum

Hinweise:
Allergische Reaktionen auf Fisch, Nüsse, Hülsenfrüchte, Kakaoprodukte. Waschen nur mit Pinopront, Eincremen mit Linola.

Soziokulturelle Daten:
A. lebt seit seiner Geburt im Kinderheim. Besuchskontakte seitens seiner Angehörigen bestehen nicht. Seine Gruppe wird seit ca. fünf Jahren von Frau S. betreut. In der Gruppe selbst haben einige Wechsel stattgefunden (Neuaufnahmen, Wechsel in andere Kinderheime). Die Gruppenleiterin nimmt an Elternabenden und Schulfesten teil. Es besteht ein Informationsaustausch über die jeweiligen pädagogischen Maßnahmen. Bedingt durch den Personalmangel in diesem Heim werden manche Förderangebote der Schule dort nicht unterstützt bzw. weiterverfolgt (z.B. Essenstraining, motorischer Bereich). A. ist seit seiner Einschulung in Klassen für schwerstmehrfachbehinderte Schüler unterrichtet worden. Mit Beginn des Schuljahres 1991/92 sind solche Klassen an dieser Schule aufgelöst worden. Zusammen mit dem Schüler D., der im selben Kinderheim lebt, ist A. in die Mittelstufenklasse gewechselt.

Beobachtungszeitraum: 15.08. – 09.10. 1991

A. nimmt Berührungsreize nur bedingt an. Gefällt ihm ein Reiz nicht, wehrt er sich dagegen durch Wegschieben oder Wegstoßen des Materials. Er erträgt es nicht, wenn Arbeitsmaterial auf seinem Tisch liegt und wirft es auf den Boden. Beim gemeinsamen Einrichten des Klassenraumes hat er keine für uns erkennbaren Reaktionen gezeigt. Sein Interesse gilt Bällen, die er mit den Lippen wahrnimmt, durch den Raum rollt oder wirft.

Sozialverhalten, Kommunikation:
A. ist auf sich und seine aktuellen Bedürfnisse bezogen. Er empfindet jedoch Körperkontakt, vor allem auf dem Schoß sitzen, Schmusen, als angenehm. Er sucht aus eigenem Antrieb die Körpernähe zu den Pädagogen. Zu den Mitschülern hat er keinen Kontakt aufgenommen. Auf deren Kontaktangebote geht er nicht ein. Er spricht nicht, sondern lautiert. Seine Ausdrucksmöglichkeiten sind Gestik, Mimik und das Lautieren.

Essen und Trinken:
A. drückt durch Gestik und Mimik seine Vorliebe bzw. Abneigung gegen Speisen und Getränke aus. Er nimmt nur kakaohaltige Breikost zu sich. Bei einem anderen Nahrungsangebot stößt er den angebotenen Löffel weg oder wirft den Teller vom Tisch. Das Essen nicht kakaohaltiger Speisen könnte nur unter Anwendung von Zwangsmaßnahmen stattfinden. Als Getränke akzeptiert er Milch oder Saft. Durch Hinhalten seines Trinkbechers zeigt er an, daß er noch etwas trinken möchte. Sobald sein Durst gestillt ist, wirft er den Becher weg.

Körperpflege, An- und Auskleiden:
A. wird zwei- bis dreimal täglich gewickelt. Wenn er eingekotet hat, wird er unruhig, indem er heftig lautiert und gestikuliert. Das Waschen und Eincremen und sonstige Berührungsreize empfindet er als angenehm. Beim An- und Ausziehen verhält er sich passiv. Die entsprechenden Bewegungen vollzieht er mit.

Interpretation und Konsequenzen für den Unterricht:

Das Wegwerfen von Arbeitsmaterial, das auf seinem Arbeitstisch liegt, ist eine ähnliche Verhaltensweise wie das Wegstoßen von Material, mit dem er berührt wird. Es ist zu überlegen, ob es sich um ein stereotypes, eingeschliffenes Verhaltensmuster handelt, ob er sich dadurch in seinem persönlichen Bereich eingeschränkt fühlt oder ob es sich um Angstgefühle handelt. Da A. Körperkontakte mit uns als positiv und angenehm empfindet, könnte der Versuch unternommen werden, ihm auf diesem Weg behutsame Berührungsreize mit Medien und Körpernähe zu Schülern anzubieten. Körperkontakte in Form von Schmusen, Streicheln, auf dem Schoß sitzen scheinen für A. von großer Bedeutung zu sein. Eventuell vermißt er dies im Kinderheim. Infolge des dortigen Personalmangel bekommt er vielleicht nicht die Zuwendung, nach der er momentan verlangt.

Er hat zwar bei der Einrichtung des Klassenraumes keine erkennbaren Reaktionen gezeigt, aber seine visuelle Wahrnehmung ist insofern ausgeprägt, als er im Raum ausgelegte Bälle sofort erkennt und zu ihnen hinrutscht. Möglichkeiten wären, Kugeln verschiedener Größe in den im Raum vorherrschenden Farben als dekorative Elemente im Klassenraum anzuordnen oder Bälle aus dem Gardinenstoff herzustellen, so daß die Wahrnehmung mit Textilien erfolgen kann. Die Gefahr, daß er Kugeln verschluckt, ist nicht gegeben, da er Gegenstände höchstens mit den Lippen berührt und nichts in den Mund steckt.

Da A. an Neurodermitis leidet und Kakao zu den die Allergie auslösenden Nahrungsmitteln gehört, muß A. an normale Breikost gewöhnt werden. Der Versuch, ihn an festere Kost zu gewöhnen, kann ebenfalls unternommen werden. Die Anwendung von Zwangsmaßnahmen lehnen wir ab. Deshalb müssen wir den Kakaogehalt allmählich reduzieren.

Solange der Brei noch Kakao enthält, kann eine Kartoffel eingedrückt oder Reis hinzugegeben werden. Das Wegwerfen des Trinkbechers könnte bedeuten, daß er nicht weiß, wie und wohin er den Becher stellen soll. Wenn er noch etwas eingegossen haben möchte, sollte ihm gezeigt werden, daß er zu diesem Zweck den Becher auf den Tisch stellt.

Er wehrt sich nicht gegen das Aus- und Anziehen. Dies ermöglicht uns eine intensivere Anpassung an seine Bewegungsmuster. Anhand des Aufgreifens seiner eigenen Bewegungen kann ein aktiveres Mittun seinerseits angebahnt werden.

Beobachtungszeitraum: 21.10. – 20.12. 1991

Während der Unterrichtsgänge saß A. im Buggy. Es war schon zu kalt, um ihn Erfahrungen auf dem Boden machen zu lassen. Das angebotene Naturmaterial stieß er wie gewohnt von sich. Im Klassenraum wurden einige Schaumgummibälle, an denen Herbstblätter oder Kastanien befestigt waren, ausgelegt. Er rutschte wie üblich zu ihnen hin und betrachtete sie eingehend. Danach versuchte er, die Blätter und Kastanien abzureißen. Dieser erste Berührungsimpuls mit herbstlichem Naturmaterial wurde wieder aufgegriffen, indem mit ihm gemeinsam über Körpernähe Handlungen mit dem Material erfolgten. In einer anderen Situation setzte ich mich mit ihm auf dem Schoß an seinen Arbeitsplatz, auf dem einige Blätter lagen. Nach einer intensiven Schmusephase klebten wir gemeinsam ein Herbstblatt auf Papier, d.h. seine Hand wurde auf das Blatt geführt, um es auf der Klebefläche anzudrücken. Das „Herbstbild" wurde mit ihm zusammen an der Bildwand befestigt. Es wurde vor allen Schülern betont, daß es sein Bild sei.

Sobald die Klassentür offensteht, rutscht er aus dem Raum. Mit dem Dreirad fährt er durch das Schulgebäude und über den Schulhof. Die dort für ihn bereitgelegten Blätterhaufen ignorierte er.

Der Klassenraum wurde allmählich gemeinsam mit den Schülern weihnachtlich dekoriert. Er hat die Dekoration nicht zerstört. Bei der Weihnachtsfeier verhielt er sich unruhig.

Sozialverhalten, Kommunikation:
Er reagiert auf Ansprache und auf seinen Namen. Wenn Mitschüler seinen Namen rufen, wendet er sich ihnen zu. Wenn sie ihm einen Ball zurollen, rollt er ihn zu ihnen zurück.

Essen und Trinken:
Der Kakaogehalt seiner Speisen ist nun ungefähr um die Hälfte reduziert. Feste Bestandteile, wie Kartoffeln, Reis, kleingeschnittene Nudeln oder Gemüse werden gegessen und durchgekaut. Der Trinkbecher wird nicht mehr weggeworfen; er stellt ihn auf den Tisch zurück.

Körperpflege, An- und Ausziehen:
Nach den Aktionen mit dem Naturmaterial war es für alle Schüler erfor-

derlich, sich die Hände zu waschen. Das Abwischen seiner Hände mit einem Waschlappen ist ihm bekannt. Dagegen kannte er das Händewaschen unter fließend Wasser anscheinend nicht. Ich setzte mich mehrmals mit ihm auf dem Schoß vor das Waschbecken und wir „spielten" zunächst mit dem Wasser: Wir warfen kleinere Bälle in das Waschbecken und ließen etwas Wasser darüberfließen. Dabei gerieten einige Tropfen „zufällig" auf seine Hände. Seine Hände wurden zunehmend nasser, er schüttelte Wassertropfen ab und patschte in die Hände. Beim Anziehen seiner Jacke ist er aktiver geworden. Er hebt seine Arme, damit die Ärmel darübergezogen werden können. Er lehnt Kopfbedeckungen und Handschuhe ab.

Interpretation und Konsequenzen für den Unterricht:

Es hat sich gezeigt, daß über das Medium Ball oder über Körperkontakt Aktivitäten und Kommunikationsprozesse stattfinden. Dies sind günstige Ansatzpunkte für den Aufbau einer Arbeitshaltung und die Herauslösung aus seiner Selbstbezogenheit. Ein geringer passiver Wortschatz ist vorhanden. Es ist wichtig, daß mit ihm auch handlungsbegleitend gesprochen wird. Eine Würdigung seiner Arbeiten gehört selbstverständlich dazu. A. rutscht bzw. fährt auf seinem Dreirad zu bestimmten Orten. Das bedeutet, daß er seine direkte Umgebung wahrnimmt und an bestimmten Dingen bzw. Personen interessiert ist. Hier besteht eine weitere gute Grundlage für den Aufbau von Lernprozessen. A. sollte infolgedessen so oft wie möglich aus seinem Buggy oder Stuhl herausgenommen werden, um eine Einschränkung seiner Bewegungsmöglichkeiten zu verhindern.

Der allmähliche kleinschrittige Aufbau einer Arbeitshaltung hat bewirkt, daß er Arbeitsmaterial auf seinem Tisch liegen läßt. Dies ist auch wohl der Grund, weshalb er die Weihnachtsdekoration akzeptiert hat. Bei der Weihnachtsfeier wirkte er aufgeregt. Er drückte dies durch heftiges Lautieren und Gestikulieren aus. Es ist möglich, daß er die Situation als beängstigend empfand. Die Eltern der anderen Schüler waren ihm fremd, durch die Unterhaltungen war es lauter als sonst. Es stellte für ihn eine Abweichung vom Schulleben dar. Andererseits war er sicherlich erfreut, daß seine Erzieherin an der Feier teilnahm. Es fiel uns auf, daß im Verlauf der Feier kein Körperkontakt zwischen den beiden stattfand.

A. saß die meiste Zeit in seinem Kinderstuhl neben ihr. Wir sollten demnächst noch einmal einen Hausbesuch im Kinderheim durchführen.

Unsere Vermutungen in Bezug auf das Essen und Trinken haben sich bestätigt. Die allmähliche Reduzierung des Kakaos aus der Nahrung wird beibehalten. Es bestand wahrscheinlich eine zu starke Gewöhnung an diese Nahrung.

Es hat sich herausgestellt, daß er Kopfbedeckungen und Handschuhe nicht akzeptiert. Die Ursache hierfür ist wahrscheinlich dieselbe wie die für die anfängliche Ablehnung von Berührungen mit Material. Infolgedessen sollte auf demselben Weg eine allmähliche Gewöhnung an diese bei extremer Kälte wichtigen Kleidungsstücke erfolgen.

Beobachtungszeitraum: 07.01. – 31.03. 1992

Kulturtechniken

Beobachtungszeitraum: 15.08. – 09.10. 1991

Lesen:
A. erkennt Alltagsgegenstände aus seiner direkten Umgebung (z.B. Geschirrteile, Mittel zur Körperpflege, Bälle). Er drückt das Erkennen durch Lautieren, Gestik und Mimik aus.

Sprache:
Er lautiert und kann damit u.a. seine Befindlichkeit ausdrücken. Bei Körperkontakt reagiert er auf Ansprache.

Schreiben:
Er nimmt keine Mal- und Schreibgeräte in die Hand, läßt sich nicht die Hand damit führen. Es wurden Aktionen mit beiden Händen ausprobiert.

Mathematik:
Er spielt mit Bällen verschiedener Größe.

Interpretation und Konsequenzen für den Unterricht:

Da A. einige Alltagsgegenstände aus seiner direkten Umgebung erkennt, kann dieses Angebot durch weitere projektbezogene Alltagsgegenstände und Naturmaterialien erweitert werden. Seine Reaktion auf Ansprache kann dahingehend genutzt werden, daß handlungsbegleitend mit ihm gesprochen werden sollte und die neuen Materialien benannt werden. Hierdurch könnte eine Erweiterung seines passiven Wortschatzes erfolgen. Da er greifen kann, sollte mit ihm das Halten verschiedener Stifte eingeübt werden. Dies kann nur allmählich erfolgen, indem ihm Aufgaben gegeben werden, woran er Ergebnisse und Resultate durch eigenes Tun erkennen kann. Z.B. könnte mit ihm zusammen ein Gegenstand auf eine Klebfläche gedrückt, mit seinen Fingern eine kurze Spur durch eine noch feuchte Farbfläche gezogen oder etwas Farbe an seinem Finger auf Papier abgestrichen werden.

Durch das Spiel mit Bällen in verschiedenen Größen könnten die Begriffe groß und klein für ihn, aber auch für alle Schüler verbalisiert werden, so daß diese in den passiven Wortschatz aufgenommen werden können. Eventuell verbindet er langfristig die Bezeichnung mit dem entsprechenden Ball. Ballspiele mit allen Schülern könnten hierbei gleichzeitig der Förderung des Kommunikationsverhaltens von A. dienen.

Beobachtungszeitraum: 21.10. – 20.12. 1991

Lesen:
Der Klassenraum war intensiv mit herbstlichem Naturmaterial dekoriert, so daß er ständig damit konfrontiert wurde. In der Vorweihnachtszeit wurde die Liste der ihm bekannten Gegenstände abermals durch entsprechende Gegenstände erweitert.

Schreiben:
Er war nicht bereit, Farbe an einer Fingerspitze zuzulassen. Infolge der Spiele mit Wasser im Waschbecken tauchte er seinen Finger bzw. seine rechte Hand mit Hilfe in eine kleine, mit leicht gefärbtem Wasser gefüllte Schüssel (rote Schüssel, rot gefärbtes Wasser) und zog mit Handführung Spuren über das Papier. Naturmaterial und Sterne aus Folie drückte er mit Handführung auf mit Klebstoff bestrichenes Papier.

Mathematik:
Er spielte mit uns und seinen Mitschülern mit den Bällen, die sich deutlich in ihrer Größe voneinander unterschieden.

Interpretation und Konsequenzen für den Unterricht:

Der Klassenraum wurde stets mit den Schülern gemeinsam dekoriert. Eine aktive Auseinandersetzung mit den Materialien wurde auf diesem Wege fortlaufend ermöglicht. Seine Arbeiten wurden mit A. gemeinsam an einer Bildwand befestigt. Er entwickelte im Laufe dieses Beobachtungszeitraumes einen ersten Bezug zu den über die ihm bekannten Alltagsgegenstände hinausgehenden Materialien und Gegenständen. Aufgrund seiner Reaktionen liegt die Vermutung nahe, daß A. über die bloße Wahrnehmung hinaus, die Gegenstände, die stets mit Sprache verbunden angeboten wurden, erkennen kann.

Die großen und kleinen Bälle können allmählich durch ähnliches Material, das sich durch die Größe gut unterscheiden läßt, ersetzt werden.

Insgesamt ist die Bereitschaft zum aktiven Wahrnehmen und zum Wiedererkennen von projektbezogenen Gegenständen und Materialien gestiegen. Das projektorientierte Lernen ist auf jeden Fall einer Förderung bloßer Teilfunktionen vorzuziehen.

Beobachtungszeitraum: 07.01.–31.03. 1992

Kreativer Bereich

Beobachtungszeitraum: 15.08. – 09.10. 1991

A. wehrte Berührungen mit Seiden- und Krepppapier, mit Wolle und Stoffstreifen ab. An Gemeinschaftsarbeiten ließ er sich nicht beteiligen. Bei der Gestaltung und Einrichtung des Klassenraumes wehrte er es ab, entsprechendes Material in die Hände zu nehmen oder sich damit berühren zu lassen.

Interpretation und Konsequenzen für den Unterricht:

Interpretation: vgl. Lebenspraktischer Unterricht und Kulturtechniken. Über intensiven Körperkontakt und das Angebot verschiedener Bälle sollte versucht werden, ihn an kleine Gestaltungsarbeiten heranzuführen.

Beobachtungszeitraum: 21.10. – 20.12. 1991

A. ließ sich über das Medium Ball und intensiven Körperkontakt an das Naturmaterial Herbstblätter, Kastanien, Eicheln, Rinden- und Aststücke und an das weihnachtliche Werkmaterial Bastelfolie und Transparentpapier heranführen. Es entstanden eigene Arbeiten: Aufgeklebtes Herbstblatt, Gemeinschaftsarbeit „Herbstbaum", Kastanien und Eicheln in Modelliermasse eingedrückt, aufgeklebte Foliensterne und -tannenbäume.

Interpretation und Konsequenzen für den Unterricht:

Interpretation: vgl. Lebenspraktischer Unterricht und Kulturtechniken. Da A. nunmehr zur Herstellung einfacher Arbeiten bereit ist, sollte er in dieser Hinsicht unter Beibehaltung der intensiven persönlichen Betreuung weiter gefördert werden, um seine Aufmerksamkeit und Handlungsbereitschaft aufrecht zu erhalten und in sinnvolle Bahnen zu lenken.

Beobachtungszeitraum: 07.01. – 31.03. 1992

Rhythmisch-musikalischer Bereich

Beobachtungszeitraum: 15.08. – 09.10. 1991

Beim Hören von Musik entspannt sich A. und wirkt sehr zufrieden. Bei Singspielen im Morgenkreis, Partner- und Gruppenspielen zieht er sich zurück oder lautiert so stark, daß sich die anderen Schüler gestört fühlen.

Interpretation und Konsequenzen für den Unterricht:

Die Ursache für die lauten Unterbrechungen der Singspiele könnte darin begründet liegen, daß sich A. ausgeschlossen fühlt. Andererseits zeigt er sich nicht bereit, sich in die Gruppe einbeziehen zu lassen. Vielleicht erscheint ihm diese Situation als zu unübersichtlich. Bis auf D. und Frau P. sind ihm die anderen Schüler und die Pädagogen noch unbekannt. Kennenlernspiele, die deutlich strukturiert sind und ein ruhiger Ablauf dieser Spiele im Wechsel mit Liedern, bei denen er sich durch Zuhören entspannen kann, könnten seinen Bedürfnissen eher entgegenkommen.

Beobachtungszeitraum: 21.10. – 20.12. 1991

A. hörte sich Herbst- und Weihnachtslieder sowohl von uns gesungen, als auch von einer Cassette gerne an. Lieder, bei denen Bewegungen nachzuvollziehen waren oder der Text mit entsprechenden Medien anschaulich dargeboten werden konnte, hörte er sich ruhiger an, wenn er bei einem von uns auf dem Schoß saß. Hierdurch konnte auch bewirkt werden, daß er kurzzeitig mit Hilfe eine Rassel festhielt und Geräusche damit erzeugte. Im Morgenkreis konnte angebahnt werden, daß er auf die Nennung seines Namens reagiert, auch wenn Mitschüler ihn damit ansprechen.

Interpretation und Konsequenzen für den Unterricht:

Es konnte, wie in den anderen Lernbereichen auch, der größte Erfolg über den Körperkontakt erzielt werden. Eine bewußtere Aufnahme und evtl. Verarbeitung von Liedern, die das Projektthema veranschaulichen halfen, konnte ihm ermöglicht werden. Diese Methode sollte auch für den nächsten Planungszeitraum wirksam bleiben. Es zeigten sich erste Anzeichen von Kommunikation mit seinen Mitschülern.

Beobachtungszeitraum: 07.01. – 31.03. 1992

Beobachtungszeitraum: 15.08. – 09.10. 1991

A. kann frei auf dem Boden sitzen. In dieser Position rutscht er zu den Orten seines Interesses, auch außerhalb der Klasse. Er beschäftigt sich aktiv mit Bällen, rollt sie, wirft sie oder untersucht sie mit den Lippen. Er kommt selbständig aus der Sitzposition heraus in den Stand, indem er sich an Personen, an Möbeln oder an der Sprossenwand in der Turnhalle hochzieht.

Auf einem Dreirad erkundet er das Schulgelände und den Schulhof. Er benutzt die Pedale nicht, sondern schiebt sich mit den Füßen weiter, indem er sie wie beim Gehen abwechselnd aufsetzt.

Er verfügt über einen guten Greifreflex; allerdings läßt er den Gegenstand sofort wieder los und wirft ihn fort. Er hält seinen Trinkbecher am Henkel fest, solange er durstig ist. Er greift mit beiden Händen fest zu, wenn er sich in den Stand hochzieht.

Interpretation und Konsequenzen für den Unterricht:

A. ist in der Sitzposition sehr flexibel. Er sollte deshalb während des Schultages nicht im Buggy sitzen. Dieser wird für Ausflüge und Unterrichtsgänge benötigt. In Unterrichtssituationen, die in einem Sitzkreis erfolgen, kann er gut in einem Kinderstuhl sitzen.

Mit dem Krankengymnasten ist abzusprechen, ob es ratsam ist, daß A. mit Hilfe einige Schritte gehen lernt. Die Art, wie er sich auf dem Dreirad fortbewegt, könnte eine gute Ausgangsbasis dafür darstellen.

Da der Greifreflex gut ausgebildet ist, sollte A. lernen, diesen sinnvoll zu nutzen. Hierzu ist es wichtig, daß die Konsequenzen für den Unterricht in den übrigen Lernbereichen auch tatsächlich gezogen werden.

Beobachtungszeitraum: 21.10. – 20.12. 1991

In Absprache mit dem Krankengymnasten erfolgen Gehversuche, indem er an beiden Händen gehalten wird, er sich am Teewagen festhält und bis zur Küche mitgeht und an Tischen oder Seitenschränken selbständig entlanggeht. Letztere Übungen führt er aus, wenn dort für ihn interes-

santes Material bereitliegt. In sein Spiel mit Bällen bezog er Luftballons mit ein.

Interpretation und Konsequenzen für den Unterricht:

Mit seinen üblichen Ausdrucksmitteln zeigte er seine Freude bei den Gehübungen und beim Erscheinen des Krankengymnasten. Das Interesse daran, so mobil wie möglich sein zu können, ist bei A. ausgeprägt und sollte mit Blick auf seine ganzheitliche Förderung weiter geweckt werden.

Damit er lernt, sich außer Bällen auch anderen Materialien und Gegenständen zuzuwenden, wurden die Luftballons angeboten. Diese sind den Bällen ähnlich, weisen aber andere Eigenschaften auf. Einige Luftballons wurden in Verbindung mit dem projektbezogenen Material gebracht, indem sie teilweise mit Blättern und Sternen beklebt wurden.

Beobachtungszeitraum: 07.01. – 31.03. 1992

1.2.2 Der Jahresplan

Ausgehend von den Richtlinien, dem schuleigenen Unterrichtskonzept, den ermittelten Bedürfnissen, Interessen und Fähigkeiten der Schüler wird nun der Jahresplan angelegt. Die Vorteile einer Jahresplanung sind, daß die Projekte, Einheiten, Inhalte und Ziele über einen längeren Zeitraum logisch aufeinander aufbauen. Die Sinn- und Sachzusammenhänge und eine geschlossene Planungsstruktur werden deutlich. Außerdem wird ein Überblick über die Zeitabschnitte, die für ein Projektthema benötigt werden, gegeben.

In den folgenden Beispielen ist als durchgängiges Thema „Erkundungen der direkten Umgebung und Erkundungen in der Natur am Beispiel der Jahreszeiten“ zu erkennen. Sie bieten verschiedene Möglichkeiten für eine Jahresplanung an. Ein weiteres Beispiel ist bei Fischer, E./Mertes, S. 39–41 zu finden.

In allen Beispielen greifen die Unterrichtseinheiten ineinander; sie sind niemals als nach- oder nebengeordnet zu verstehen.

Das erste Beispiel entspricht durch die Aufteilung in Lernbereichsgruppen der Vorgehensweise bei der Einrichtung der Schülerkartei. Es besteht hier mehr Flexibilität im Umgang mit den Lernzielen der Richtlinien. Es können Inhalte und Lernziele formuliert werden, die der momentanen Bedürfnis- und Interessenlage der Schüler entsprechen. Es sind alle Lernbereiche berücksichtigt.

Beim zweiten Beispiel besteht die Gefahr, daß die bayerisch/niedersächsischen Richtlinien nach geeigneten Lernzielen durchsucht werden, die zum Projekt passen könnten. Eine Aneinanderreihung von Zielen kann zur Folge haben, daß zahlreiche Erklärungen notwendig werden.

Dem dritten Beispiel liegt der Berliner Rahmenplan zugrunde. Eine Schwierigkeit besteht in der Zuweisung von Zielen und Inhalten zu den Klassenstufen. Z.B. sind die für die Mittelstufe ausgewiesenen Ziele und Hinweise für meine Klasse im Lernniveau zu hoch angesetzt und betreffen auch nicht die schwerstmehrfachbehinderten Schüler. Eine Möglichkeit ist, die Ziele und Inhalte für die Förder- und Unterstufen zu berücksichtigen und ähnlich wie im ersten Beispiel auf die Bedürfnisse und Interessen der Schüler abzustimmen.

Im vierten Beispiel werden den Unterrichtseinheiten entsprechende Unterrichtsbereiche des Berliner Rahmenplans zugeordnet. Der Vorteil ist, daß fachorientierte Lehrgänge noch stärker berücksichtigt werden können. Der Nachteil ist, daß die Verflechtungen und Verknüpfungen der Unterrichtseinheiten miteinander aufgehoben werden können und somit der ganzheitliche Aspekt verloren geht.

Jahresplan: Beispiel 1

Zeitraum: 15.08.–09.10. 1991, Projekt: Wir lernen uns kennen und richten gemeinsam unseren Klassenraum ein.

Unterrichtseinheiten	Lernbereichsgruppe	Inhalte/Ziele	Hinweise
1. Wir sind eine neue Klassengemeinschaft 2. Wir schmücken den Klassenraum mit Pflanzen und pflegen sie 3. Wir richten unseren Klassenraum mit Textilien ein 4. Wir schmücken den Klassenraum mit selbsthergestellten Mal- und Werkarbeiten	Lebenspraktischer Unterricht	Sich gegenseitig wahrnehmen, Gruppengefühl aufbauen; fester Tagesablauf; Verantwortungsgefühl für sich und andere anbahnen; verschiedene Quark- und Puddingspeisen herstellen (HW)	Lernverbindungen zum Religionsunterricht beachten; Klassenraum in Funktionsbereiche einteilen, die Schülerentscheidungen werden hierbei berücksichtigt; Pflanzenpflege; Schülerentscheidungen bezüglich der Speisenauswahl
	Kulturtechniken	Symbole und Bilder erkennen und zuordnen; Schüler- und Pädagogennamen sprechen bzw. den Personen zuordnen; Wortschatzerweiterung: Einrichtungsgegenstände; Größen miteinander vergleichen	
	Kreativer Bereich	Wahrnehmung bzw. Experimentieren mit Garnen und Stoffen; Gemeinschaftsarbeiten herstellen (Papier, Pappe, Stoff, Ton)	Vorherrschende Farben: weiß, lila, rosa, gelb, türkis
	Rhythmisch-musikalischer Bereich	Sing- und Sprechspiele im Morgenkreis, Partner- und Gruppenspiele	
	Bewegungserziehung, Sport	Gemeinsames Wahrnehmen, Ausprobieren und Erkunden verschiedener Bälle in unterschiedlichen Räumen	

Zeitraum: 21.10.–20.12. 1991 – Projekt: Wir erleben den Herbst und die Adventszeit.

Unterrichtseinheiten	Lernbereichsgruppe	Inhalte/Ziele	Hinweise
1. Wir erkunden die herbstliche Natur mit vielen Sinnen 2. Wir experimentieren und spielen mit Naturmaterial 3. Wir gestalten mit Naturmaterial 4. Wir laden unsere Eltern und Heimerzieher zur Adventsfeier ein 5. Wir schmücken den Klassenraum und das Forum weihnachtlich	Lebensprakischer Unterricht	Unterrichtsgänge: Sammeln von Naturmaterial, im Klassenraum wahrnehmen, erkunden und experimentieren; eine herbstliche und vorweihnachtliche Atmosphäre schaffen; Bratäpfel und Plätzchen backen (HW)	Naturmaterial direkt untersuchen und teilweise pressen
	Kulturtechniken	Paarweises Ordnen; Spuren hinterlassen; Farbzuordnungen; Symbol- und Signallesen; Wortschatzerweiterung: Jahreszeitliche Begriffe	Lernverbindungen zur Ästhetischen Erziehung
	Kreativer Bereich	Mit Naturmaterial Bilder, Collagen, Kränze, Fensterbilder, Drucke herstellen; mit Folien und Glanzpapier weihnachtliche Dekoration gestalten; Tischsets bedrucken	vorherrschende Farben: rot, grün, gelb, braun (Herbst); grün, rot, gold, silber (Advent), weitere Farbauswahl aus den Glanz- und Folienpapieren
	Rhythmisch-musikalischer Bereich	Herbst-, Advents- und Weihnachtslieder hören, mitsingen; Spielhandlungen mitgestalten (z.B. St. Martinsgeschichte)	
	Bewegungserziehung, Sport	Ballspiele, Spiele im Bällchenbad; Körpererfahrungen auf der Weichmatte und auf dem Rollbrett	

Zeitraum: 07.01.–31.03. 1992 – Projekt: Wir erleben den Winter und die Faschingszeit.

Unterrichtseinheiten	Lernbereichsgruppe	Inhalte/Ziele	Hinweise
1. Wir nehmen Kälte und Wärme wahr – es ist Winter 2. Wir feiern Fasching	Lebenspraktischer Unterricht	Unterrichtsgänge: Naturphänomene wahrnehmen und beobachten; Experimente und Wahrnehmungsübungen mit warmen und kalten Substanzen; Kleidung im Winter; Verkleidungsmöglichkeiten; Kinderbowle und Gebäck herstellen (HW); Verantwortungsgefühl für Pflanzen entwickeln	Schülerentscheidungen bei der Auswahl der außerschulischen Lernorte, beim Experimentieren, bei der Auswahl der Verkleidung
3. Wir bereiten uns auf das Osterfest vor und nehmen wahr, daß es draußen wärmer wird 4. Wir erleben das Wachstum einer Pflanze im Klassenraum	Kulturtechniken	Paare bilden, Mengen sortieren, Spuren hinterlassen; Symbol- und Signallesen; Wortschatzerweiterung: Empfindungen artikulieren, jahreszeitliche Begriffe, Kleidung	
	Kreativer Bereich	Fensterbilder aus Tonpapier, mit Kreppapier gestalten, Granulat schmelzen, Osternester herstellen	vorherrschende Farben: weiß, blau, braun (Winter); weiß, gelb, lila (Ostern); bunt (Fasching)
	Rhythmisch-musikalischer Bereich	Spielhandlungen, -lieder aktiv mitgestalten; Verwendung verschiedener Schlaginstrumente; Verkleidungs- und Maskenspiele im Singkreis; Frühlings- und Osterlieder	
	Bewegungserziehung, Sport	Verschiedene Bewegungsmöglichkeiten auf Rollbrettern ausprobieren bzw. wahrnehmen	

Zeitraum: 22.04.–24.06. 1992 – Projekt: Wir erleben den Frühling und den Frühsommer.

Unterrichtseinheiten	Lernbereichsgruppe	Inhalte/Ziele	Hinweise
1. Wir nehmen Sonne, Regen und Wind wahr 2. Wir legen Fensterkästen an 3. Wir feiern ein Sommerfest	Lebenspraktischer Unterricht	Unterrichtsgänge: Naturmaterial sammeln; Wettererscheinungen wahrnehmen und erleben; die vier Jahreszeiten miteinander vergleichen; Wachstum von Pflanzen beobachten, Pflanzenpflege; Planung für das Sommerfest	Zwei Fensterkästen: 1. Aussaat, 2. Sommerblumen
	Kulturtechniken	Symbol- und Signallesen; paarweises Zuordnen; Mengen vergleichen; Einladungskarten für das Sommerfest gestalten	Lernverbindung zur Ästhetischen Erziehung
	Kreativer Bereich	Wandbild zu den vier Jahreszeiten gestalten; Collagen aus Naturmaterial; Dekoration für das Sommerfest	vorherrschende Farben: weiß, rosa, gelb, rot, lila blau
	Rhythmisch-musikalischer Bereich	Frühlings- und Sommerlieder, Schlaginstrumente einsetzen	
	Bewegungserziehung, Sport	Teilnahme am Schulsportfest; Spiele im Freien, Hindernisse überwinden bzw. mit dem Rollstuhl umfahren	

Jahresplan: Beispiel 2 – Jahresplan für das Schuljahr 1991/92

Trimester/ Projekte	Unterrichtseinheiten	Lernziele/ Richtlinienbezug	Lernbereiche	Hinweise
I. Trimester 15.08.–20.12. 1991 1. Wir lernen uns kennen und richten unseren Klassenraum ein (15.08.–09. 10. 1991)	1. Wir sind eine neue Klassengemeinschaft	– personale Zuwendung erleben (D., A.) – sich anderen zuwenden und Zuwendung beantworten – sich mitteilen	soziale Beziehungen	Die Lernziele dieses Lernbereichs gelten für das gesamte Schuljahr. Einige Inhalte sind Bestandteil des Religionsunterrichts
		– in der Schule leben und lernen – den Tagesablauf erleben	Heimat Zeit	gleichbleibender Tagesablauf
		– soziale Erfahrungen in der Rhythmikgruppe sammeln	Rhythmik	Morgenkreis, in der Turnhalle
		– Spiel- und Sportgeräte kennen und richtig einsetzen – Eigenbewegungen der Gruppe oder dem Partner anpassen und mit Partnern kooperieren	Bewegungserziehung	Spiel- und Experimentiermöglichkeiten mit verschiedenen Bällen und auf der Weichmatte
	2. Wir richten unseren Klassenraum mit Textilien ein	– Grunderfahrungen mit Textilien sammeln	Textilarbeit	Farben von Gardinen und Stoffbezügen: weiß, rosa, gelb, türkis, lila; Verwendungsmöglichkeiten dieser Farben auch bei der Ästhet. Erziehung kennenlernen
	3. Wir schmücken den Klassenraum mit selbsthergestellten Werkarbeiten	– mit Farben umgehen – mit Ton gestalten – Grundfähigkeiten für das Werken entwickeln	Ästhetische Erziehung Werken	
	4. Wir schmücken den Klassenraum mit Pflanzen und pflegen sie	– Beziehungen zu Pflanzen entwickeln	Natur	Einkaufen, Einpflanzen, regelmäßige Pflege

Trimester/ Projekte	Unterrichtseinheiten	Lernziele/ Richtlinienbezug	Lernbereiche	Hinweise
2. Wir erleben den Herbst und die Adventszeit (21.10.–20.12. 1991)	1. Wir erkunden die herbstliche Natur mit vielen Sinnen	– sich in der erfahrbaren Heimat zurechtfinden – der Natur begegnen – längere Zeiträume überschauen	Heimat Natur Zeit	Jahreszeitliche Begegnung draußen und durch die Hereinnahme von Naturmaterial in den Klassenraum
	2. Wir experimentieren und spielen mit Naturmaterial	– auf spielerische Weise Funktionen üben und Materialien erfahren	Spiel	Klassenraum der Jahreszeit entsprechend ausschmücken
	3. Wir gestalten mit Naturmaterial	– die Umwelt mit allen Sinnen wahrnehmen und erleben – mit Farben umgehen – unterschiedliche Gestaltungstechniken anwenden – einfache Dinge gestalten	Ästhetische Erziehung Werken Textilarbeit	u.a. Verwendung der Farben gelb, rot, braun grün (Herbst); gold, silber, rot, grün (Advent); mit Folien- und Glanzpapier gestalten; Einladungskarten herstellen
	4. Wir laden Eltern und Heimerzieher zur Adventsfeier ein	– sich mitteilen – in der Schule leben und lernen – längere Zeiträume überschauen	Soziale Beziehungen Heimat	
	5. Wir schmücken den Klassenraum und das Forum weihnachtlich	– Grundfertigkeiten für das Verarbeiten von Nahrungsmitteln erlernen – erste Erfahrungen mit Musik machen	Zeit Hauswirtschaft Musik	Bratäpfel, Plätzchen

Trimester/ Projekte	Unterrichtseinheiten	Lernziele/ Richlinienbezug	Lernbereiche	Hinweise
II. Trimester 07.01.–31.03.1992 Wir erleben den Winter und die Faschingszeit	1. Wir nehmen Kälte und Wärme wahr – es ist Winter 2. Wir feiern Fasching	– sich kleiden – Zeit erleben – seine körperliche Sensibilität normalisieren – Handfunktionen entwickeln – auf Reize reagieren – seinen Körper erfahren	Selbstversorgung Zeit Motorik Wahrnehmung Rhythmik Bewegungserziehung	Kleidung als wärmend empfinden, Verkleidungsmöglichkeiten zur Faschingszeit; Berührungsreize kalt warm; warmes und kaltes Material mit den Händen erfahren
		– Raum und Gelände überschauen, sich darin orientieren und vielfältig bewegen – auf spielerische Weise Funktionen üben und Materialien erfahren – Spuren schreiben	Bewegungserziehung Spiel	Bewegungsmöglichkeiten im Schnee, bei Glatteis
	3. Wir bereiten uns auf das Osterfest vor und nehmen wahr, daß es draußen wärmer wird	– erste Erfahrungen mit Musik machen – die Umwelt mit allen Sinnen wahrnehmen und erleben – mit Farben umgehen – einfache Dinge gestalten – durch Spiel Zugang finden zu Dingen, Personen und Situationen – der Natur begegnen	Schreiben Musik Ästhetische Erziehung Werken	Spuren im Schnee; mit Wasser, mit Farben Spuren hinterlassen Verwendung der Farben weiß, blau, braun (Winter); rot, blau, lila, pink, gelb (Fasching); lila, weiß, gelb (Ostern)
	4. Wie erleben das Wachsen einer Pflanze im Klassenraum	– Lebendiges erleben – Beziehungen zu Pflanzen entwickeln – Veränderungen als neue Handlungsimpulse wahrnehmen	Natur Lesen	Wahrnehmung blühender Pflanzen in der Natur Hyazinthengläser, Zwiebelgewächse, Kresseaussaat beobachten und pflegen

Trimester/ Projekte	Unterrichtseinheiten	Lernziele/ Richlinienbezug	Lernbereiche	Hinweise
III: Trimester 22.04.–24.06. 1992 Wir erleben den Frühling und den Frühsommer	1. Wir nehmen Sonne, Regen und Wind wahr	– seine körperliche Sensibilität normalisieren – auf Reize reagieren – Raum und Gelände überschauen, sich darin orientieren und vielfältig bewegen – sich in der erfahrbaren Heimat zurechtfinden – der Natur begegnen – sich kleiden – auf spielerische Weise Funktionen üben und Materialien erfahren	Motorik Wahrnehmung Bewegungserziehung Heimat Natur Selbstversorgung Spiel Zeit Ästhetische Erziehung	Wettererscheinungen beachten Unterrichtsgänge wettergerechte Kleidung auswählen Sand, Steine, Gräser u.ä. untersuchen, damit experimentieren und spielen Verwendung der Farben weiß, rosa, rot, gelb, lila, blau
		– Zeit erleben – die Umwelt mit allen Sinnen wahrnehmen und erleben – unterschiedliche Gestaltungstechniken anwenden	Zeit Lesen Natur	die Zeitspanne wahrnehmen, in der sich aus Samen Pflanzen entwickeln; die jeweiligen Bedürfnisse der Pflanzen einschätzen und danach handeln; Einladungskarten
	2. Wir legen Fensterkästen an	– Zeit erleben – Veränderungen als neue Handlungsimpulse wahrnehmen – Lebendiges erleben	Schreiben Ästhetische Erziehung	Dekoration für Innen- und Außenbereich herstellen
	3. Wir feiern ein Sommerfest	– Bildbriefe schreiben – unterschiedliche Gestaltungstechniken anwenden		

Jahresplan: Beispiel 3 – Grundlage: Berliner Rahmenplan

Zeitraum: 15.08.–09.10. 1991, Projekt: Wir lernen uns kennen und richten gemeinsam unseren Klassenraum ein.
Rahmenplanbezug: Wohnen

Unterrichseinh.	Unterrichtsbereiche	Inhalte/Ziele	Hinweise
1. Wir sind eine neue Klassengemeinschaft 2. Wir schmükken den Klassenraum mit Pflanzen und pflegen sie	Wohnen – Umgangsformen – Pflegen von Nutz- und Zierpflanzen	Gegenseitiges Sich-Wahrnehmen; Aufbau eines Gruppengefühls, Verantwortungsgefühl für sich und andere anbahnen; bei den Mahlzeiten die anderen wahrnehmen und auf ihre Bedürfnisse eingehen	Spielsituationen schaffen; Schülerentscheidungen bezüglich der Auswahl der Pflanzen; Lernverbindungen zur rhythmisch-musikalischen Erziehung
	Einkaufen	Pflanzen, Erde und Töpfe im Blumengeschäft oder Gartenfachhandel einkaufen; gemeinsames Einkaufen von Zutaten für Nachspeisen	die gesamte Gruppe geht einkaufen
3. Wir richten unseren Klassenraum mit Textilien ein	Spracherziehung	Namen der Schüler und der Pädagogen hören und nachsprechen und zuordnen; mit der Pflanzenpflege verbundene Begriffe hören, sprechen, handlungsbegleitend anwenden	handlungsbegleitendes Sprechen; zum spontanen Sprechen anregen
4. Wir schmükken den Klassenraum mit selbsthergestellten Mal- und Werkarbeiten	Umgang mit Mengen, Zahlen und Geld	Größen miteinander vergleichen, Unterschiede kleiner – größer erkennen	
	Lesen und Schreiben	Symbol- und Bilderlesen; persönliche Gegenstände der Schüler mit Symbolen kennzeichnen, sie mit dem betreffenden Schüler in Verbindung bringen	zunächst Schülerfotos, dann Symbole, die sich die Schüler selbst auswählen, verwenden
	Rhythmische-musikalische Erziehung	Kennenlernspiele im Morgenkreis; Sing- und Sprechspiele, Partner- und Gruppenspiele	

Unterrichtseinheiten	Unterrichtsbereiche	Inhalte/ Ziele	Hinweise
	Ausbildung motorischer Fertigkeiten	gemeinsames Wahrnehmen, Ausprobieren und Erkunden verschiedener Bälle in unterschiedlichen Räumen	
	Umgang mit Farben und Formen	Mit Garnen und Stoffen experimentieren; beobachten, wie die Gardinen umgesäumt werden, die Nähmaschine ausprobieren; mit Ton und verschiedenen Papier- und Pappsorten Gemeinschaftsarbeiten herstellen	vorherrschende Farben: weiß, lila, rosa, gelb, türkis
	Zeitliche Orientierung	sich im Tagesablauf orientieren	

Zeitraum: 21.10.–20.12. 1991, Projekt: Wir erleben den Herbst und die Adventszeit

Jahresplan: Beispiel 4 – Grundlage: Berliner Rahmenplan

Zeitraum: 15.08.–09.10. 1991, Projekt: Wir lernen uns kennen und reichten gemeinsam unseren Klassenraum ein; Rahmenplanbezug: Wohnen

Unterrichtseinheiten	Unterrichtsbereiche	Lernziele/ Inhalte	Hinweise
1. Wir sind eine neue Klassengemeinschaft	Wohnen – Umgangsformen	Gruppengefühl entwickeln; die Mitschüler wahrnehmen bzw. erkennen; bei den Mahlzeiten die anderen beachten und auf ihre Bedürfnisse eingehen	Spielsituationen schaffen; konkrete Situation bei den Mahlzeiten
	Spracherziehung	Namen der Schüler und Pädagogen hören und z.T. nachsprechen, Namen den Schülern und Pädagogen zuordnen	Verwendung von Schüler- und Pädagogenfotos
	Umgang mit Mengen, Zahlen und Geld	Größe der Schüler miteinander vergleichen; Unterschied kleiner – größer erkennen	
	Lesen und Schreiben	Symbole und Bilder erkennen	Persönliche Gegenstände mit Symbolen oder Fotos kennzeichnen
	Rhythmisch-musikalische Erziehung Ausbildung motorischer Fertigkeiten	Kennenlernspiele im Morgenkreis; Sing- und Sprechspiele, Partner- und Gruppenspiele gemeinsames Wahrnehmen, Ausprobieren und Erkunden verschiedener Bälle in unterschiedlichen Räumen	
	Zeitliche Orientierung	sich im Tagesablauf orientieren	auf gleichbleibenden Tagesablauf achten
2. Wir richten unseren Klassenraum mit Textilien ein 3. Wir schmücken unseren Klassenraum mit selbsthergestellten Mal- und Werkarbeiten	Umgang mit Farben und Formen	Mit Garnen und Stoffen experimentieren; die Nähmaschine kennenlernen und ausprobieren	
		Mit Ton und verschiedenen Papier- und Pappsorten Gemeinschaftsarbeiten herstellen	vorherrschende Farben: weiß, lila, gelb, türkis, rosa

Unterrichtseinheiten	Unterrichtsberreiche	Lernziele/ Inhalte	Hinweise
4. Wir schmücken den Klassenraum mit Pflanzen und pflegen sie	Wohnen – Pflegen von Nutz- und Zierpflanzen	sich für eine Pflanze verantwortlich fühlen, sie regelmäßig gießen und verblühte oder verwelkte Teile entfernen	
	Einkaufen	Pflanzen, Erde und Töpfe im Blumengeschäft oder Gartenfachhandel einkaufen	
	Spracherziehung	mit der Pflanzenpflege verbundene Begriffe hören, sprechen und handlungsbegleitend anwenden; Einkaufsgespräche führen	

Zeitraum: 21.10.–20.12. 1991, Projekt: Wir erleben den Herbst und die Adventszeit

1.2.3 Der Arbeitsplan

Das für den anstehenden Zeitraum im Jahresplan angekündigte Projekt wird nun detaillierter beschrieben. Dabei stellt sich zunächst die Frage, ob es für die Schüler noch von Interesse und Bedeutung ist. Andernfalls sollte ein neues Projekt geplant werden.

Als wichtiges Bindeglied zwischen Jahres- und Arbeitsplan kann die Ermittlung der Sachstruktur des Projektthemas dienen (vgl. Übersicht). Gerade bei Themenstellungen, in denen man sich sachfremd fühlt, ist diese Vorgehensweise empfehlenswert. Auf dieser Grundlage wird den Bedürfnissen und Interessen der Schüler entsprechend für den Arbeitsplan eine geeignete Auswahl von Zielen und Inhalten getroffen. Ein Projektthema ist in unterschiedlicher Gewichtung weiter oder enger gefaßt. Z.B. ist „Wir erleben den Herbst und die Adventszeit“ ein weiter gefaßtes Thema als „Wir lernen den Umgang mit dem Fotoapparat“ oder „Wir legen ein Gemüsebeet an“. Eine erste Strukturierung ist bereits bei der Jahresplanung erfolgt, und zwar durch die Gliederung des Projektthemas in Unterrichtseinheiten. An dieser Stelle können eventuelle Fehler bezüglich der Auswahl der Unterrichtseinheiten aufgedeckt und beseitigt werden (vgl. „Projektübersichten“, Kap. III.3.4; „Sachgliederung“, Fischer, E., Mertes, S. 58, 67).

Jahresplan

↓

Projektthema

↓

vorläufig festgelegte Unterrichtseinheiten

↓ ↓ ↓

Struktur des Themas | Handlungsmöglichkeiten: der Schüler/des Lehrers | Zielsetzungen

↓

aktualisierte Unterrichtseinheiten

↓

Arbeitsplan: Auswahl von Zielen und Inhalten unter Einbeziehung von Lernbereichen

Abb. 1: Übersichtsskizze vom Jahresplan zum Arbeitsplan

Sachstruktur	Handlungsmöglichkeiten der Schüler	Handlungsmöglichkeiten des Lehrers
1. Vorgänge in der Natur im Wandel der Jahreszeiten	Vielsinnige Wahrnehmung vor Ort; beobachten, verbalisieren; Wettererscheinungen wahrnehmen, beobachten und verbalisieren	Bewußtsein für die Vorgänge der Natur wecken; bei Unterrichtsgängen Handlungsimpulse geben
2. Stimmungen und Atmosphäre im Herbst und in der Adventszeit	Die Stimmungen und die Atmosphäre draußen und drinnen wahrnehmen, beobachten und verbalisieren; den Wandel vom Herbst zum Winter bewußt erleben; Situationen bewußt erkennen	Unterrichsgänge anbieten; Veränderungen im Klassenraum gemeinsam mit den Schülern vornehmen; stimmungsvolle Medien anbieten
3. Die Jahreszeit kennzeichnende Materialien und Produkte	Während der Unterrichtsgänge Materialien vielsinnig wahrnehmen, untersuchen, damit experimentieren; Material sammeln und damit spielen und gestalten; weihnachtliche Werkarbeiten anfertigen	Gestaltungsideen gemeinsam mit den Schülern entwickeln

↓ ↓ ↓

Unterrichtseinheiten	Ziele
1. Wir erkunden die herbstliche Natur mit vielen Sinnen	vielsinnige Wahrnehmung und Beobachtung der Natur; handlungsbegleitendes Sprechen
2. Wir experimentieren und spielen mit Naturmaterial	Naturmaterial wahrnehmen, untersuchen, Handlungsmöglichkeiten damit ausprobieren
3. Wir gestalten mit Naturmaterial	mit dem Material kreativ umgehen, eigene Gestaltungsideen entwickeln
4. Wir laden Eltern und Heimerzieher zur Adventsfeier ein	die Feier vorbereiten und inhaltlich ausgestalten

Abb. 2: Beispiel für die Ermittlung der Sachstruktur des Projekts: „Wir erleben den Herbst und die Adventszeit

Es gibt zahlreiche Möglichkeiten, einen Arbeitsplan anzulegen. Manche Schulen, Schulaufsichtsämter oder Ausbildungsseminare geben hierzu Formulare heraus, wobei es günstig ist, die Vorgehensweise mit Kollegen abzustimmen. Eine Planung ohne durch Formulare vorgeschriebene Zwänge fällt jedoch leichter und ist kreativer.

Das folgende Beispiel basiert auf der Grundlage des ersten Beispiels der Jahresplanung.

Dieser Arbeitsplan dient als gute Planungsgrundlage für die Förder- und Wochenpläne. Er läßt genug Offenheit und Spielraum zu. Eine Einengung durch exakt formulierte Lernziele unterbleibt zugunsten einer Fixierung von einigen inhaltlichen Schwerpunkten und Grobzielangaben. Auf der Grundlage des Berliner Rahmenplans würde ein Arbeitsplan ähnlich aussehen. Der Unterschied zum Anwendungsbeispiel wäre eine Verteilung der Inhalte und Ziele statt auf fünf Lernbereichsgruppen jetzt auf sieben bis acht Unterrichtsbereiche.

Ziele und Inhalte für die fachorientierten Lernbereiche werden im Arbeitsplan entsprechend ausgewiesen.

Arbeitsplan: Beispiel

Arbeitsplan für den Zeitraum 21.10.–20.12. 1991, Unterrichtsprojekt: Wir erleben den Herbst und die Adventszeit

Unterrichtseinheiten	Lernbereichsgruppe: Lebenspraktischer Unterricht: Ziele und Inhalte	Differenzierungen	Hinweise
1. Wir erkunden die herbstliche Natur mit vielen Sinnen	Unterrichtsgänge in die Umgebung der Schule: Mit den Füßen Herbstblätter aufwirbeln, beobachten, wie sie vom Baum fallen, wie sie sich färben, wie die Bäume allmählich immer kahler werden. Den Übergang vom Herbst in den Winter bewußt wahrnehmen; die Beobachtungen verbalisieren. Die zunehmende Dunkelheit bemerken. Die Zeitspanne einer Jahreszeit bewußt und in ihr handelnd erleben.	A., D., K.: Mit dem Rollstuhl durch die Blätter gefahren werden; P. fährt selbständig hindurch, er kann sich selbständig zu dem am Boden liegenden Material herunterbeugen. Gemeinsame Handlungen mit A. und D. anregen und durchführen. Handlungsimpulse der Schüler aufgreifen.	Verdeutlichung der Jahreszeiten durch Fotos, Abbildungen, eigene Werkstücke
2. Wir experimentieren und spielen mit Naturmaterial	Blätter, Rindenstücke, Zweige und sonstiges Naturmaterial sammeln und mit in den Klassenraum nehmen. Wahrnehmungsübungen mit diesem Material, damit spielen, es untersuchen, damit experimentieren. Die Schüler entscheiden, wie sie den Klassenraum damit ausschmücken wollen. Gemeinsame Überlegung, welche Werkarbeiten damit hergestellt werden können. Die Namen der beiden Jahreszeiten, die zugehörigen Farben und Begriffe verbalisieren. Handlungsbegleitendes Sprechen bei allen Tätigkeiten und Aktionen.	Entscheidungsmöglichkeiten der Schüler: A., D. drücken ihre Entscheidungen durch annehmendes bzw. abwehrendes Verhalten aus; P. durch „Ja", oder „Nein" sagen; K., Ch., St. durch Verbalisieren ihrer Wünsche.	

Unterrichtseinheiten	Lernbereichsgruppe: Lebenspraktischer Unterricht: Ziele und Inhalte	Differenzierungen	Hinweise
4. Wir laden Eltern und Heimerzieher zur Adventsfeier ein.	Unterrichtsgänge ins Dorf: Erkennen und verbalisieren, daß die Straßen und Geschäfte weihnachtlich dekoriert sind. Sich als Fußgänger und Rollstuhlfahrer angemessen im Straßenverkehr verhalten. Die Schüler entscheiden mit, wie die Herbstdekoration im Klassenraum allmählich durch weihnachtliche Werkarbeiten und Dekorationsartikel (z.B. Lichterketten, Weihnachtspyramiden) abgelöst werden kann. Möglichkeiten der Gestaltung eines Adventskranzes, -gesteckes und eines -kalenders kennenlernen und sich für eine davon entscheiden. Die vorweihnachtliche Stimmung bewußt wahrnehmen. Eine Adventsfeier mit Eltern und Erziehern vorbereiten.	St., Ch. schieben A., D. mit ihren Rollstühlen. Verhalten an der Ampel und am Zebrastreifen.	Weiterführung und Vertiefung der Verkehrserziehung durch Frau G. Erarbeitung religiöser Inhalte mit Frau K.
	Unterrichtseinheit für den Hauswirtschaftsunterricht: Wir backen Bratäpfel und Plätzchen. Vielsinnige Wahrnehmung von Backzutaten und fertigen Produkten.		Frau G. führt diese Einheit durch.
	Tägliches Unterrichtsgeschehen: Freies Spielen mit Bällen, Bausteinen, Naturmaterial. Den Tisch decken, ihn abräumen, abwischen; Geschirr abwaschen und abtrocknen. Persönliche Dinge den einzelnen Schülern zuordnen.	St., Ch. aktiv und möglichst selbständig; K. hilft beim Abtrocknen und beim Tischdecken und -abräumen; P. zeigt, wo die Teile hingehören.	
	Toilettengänge: Öffnen und Schließen von Verschlüssen; Toilettenpapier ausreichend verwenden; die Hände, das Gesicht mit Wasser und Seife waschen. Die Zähne putzen.	St. und Ch. selbständig; P. seinen Möglichkeiten entsprechend selbständig; K. mit Hilfe. A., D. nur bei zustimmendem Verhalten	

	Lernbereichsgruppe: Kulturtechniken: Ziele und Inhalte		
2. Wir experimentieren und spielen mit Naturmaterial 4. Wir laden Eltern und Heimerzieher zur Adventsfeier ein	**Mathematik:** Farben zuordnen, Farbpaare bilden, Herbstblätter in den Farben gelb, rot, braun, grün und Sterne in den Farben silber, grün, gold, rot entsprechenden Farbfeldern zuordnen; auf der abstrakten Ebene (z.B. am Steckbrett) Zuordnungen mit Farben und Formen herstellen.	Ch., K., St.: Mengen bilden mit bis zu fünf Elementen; P.: Formen einander zuordnen; A., D.: Mit Gegenständen bzw. mit Naturmaterial in den genannten Farben hantieren bzw. spielen, mit Handführung z.B. Blätter und Sterne in Farbfelder einkleben.	
	Situationslesen: Erkennen, wenn Gefäße leer oder voll sind; Veränderungen in der Natur bewußt beobachten; Wahrnehmung dieses Vorgangs.	St., Ch., K., P.	
	Symbollesen: Beim Tischdecken darauf achten, wer welche Geschirrteile erhält, Fotos und Symbole auf den Tischen erkennen und beachten. Die Symbole im Arbeitsbereich, an der Garderobe, an den Fächern erkennen und benennen.	A., D. A., D. erkennen ihr eigenes Foto, die anderen Sch. ihre Symbole.	
	Bilderlesen: Bildergeschichten sinnentnehmend erfassen und verbal wiedergeben.	St., Ch., K. Betrachten der Bildfolgen: P., A., D.	jahreszeitliche und weihnachtliche Themen
	Schreiben: Mit Naturmaterial drucken, mit Händen und Füßen drucken, Spuren hinterlassen, die eigene Spur erkennen. Einladungskarten (Bildbriefe) für die Adventsfeier herstellen.	Hilfestellungen für K., P., A., D.	Lernverbindungen zur Ästhetischen Erziehung

	Lernbereichsgruppe: Kreativer Bereich: Ziele und Inhalte		
3. Wir gestalten mit Naturmaterial. 5. Wir schmücken den Klassenraum und das Forum weihnachtlich	Adventskranz oder -gesteck, Adventskalender herstellen. Klebebilder, Collagen aus Naturmaterial; einen Herbst- und einen Tannenbaum gestalten. Die Schüler sollen krativ mit dem Materialangebot umgehen und eigene Gestaltungswünsche umsetzen. Unterrichtseinheit für Textilarbeit: Mit Blättern Stoff bedrucken, mit Hartgummistempeln eine Weihnachtstischdecke bedrucken	A., D. stellen mit Handführung einfache Klebearbeiten her; K., P. bekommen die von ihnen ge-wünschten Hilfestellungen. Anordnung der Motive durch die Schüler; indivi-duelle Hilfestellungen.	
	Lernbereichsgruppe: Rhythmisch-musikalischer Bereich: Ziele und Inhalte		
1., 2., 4. UE	Singen von Geburtstags-, Herbst- und Weihnachtsliedern; Spiellieder, Reime; Partner- und Gruppenspiele	A., D.: Musik als angenehm empfinden, ihr zuhören, sich entspannen; Partnerwahrnehmen,Körperkontakte erleben.	
	Bewegungserziehung/Sport: Ziele und Inhalte		
	Bewegungsmöglichkeiten mit Naturmaterial ausprobieren, z.B. mit den Händen Blätter aufwirbeln, nach Schneeflocken greifen, durch Blätterhaufen laufen, sich in Blättern wälzen. Verschieden große Bälle anderen zurollen, zuwerfen, greifen, festhalten, weitergeben, verschiedene Handlungsmöglichkeiten ausprobieren.	A.: Gehübungen D.: Sich selbständig von der Rücken- in die Bauch-lage drehen.	Zusammenarbeit mit dem Krankengymnsten Verwendung von Bällen mit rauher, glatter, weicher, harter, noppiger Oberfläche

1.2.4 Förderpläne

Auf der Grundlage der Schülerkartei und des Arbeitsplanes werden für einzelne Schüler Förderpläne entwickelt. Sie werden zumeist im Hinblick auf grundlegende, entwicklungsorientierte Funktionen und Fähigkeiten im Alltagsbereich (Essen, Wahrnehmung, soziale Beziehungen usw.) aufgestellt. Eine projektorientierte Planung für alle Schüler trifft aber auch projektbezogene, individuelle Ziel- und Inhaltsentscheidungen. Die Einbindung der Förderpläne in den allgemeinen projektorientierten Planungsprozeß verhindert eine Festschreibung von Schülerleistungen auf einer bestimmten Niveaustufe. Der Zeitraum für eine Förderplanung entspricht infolgedessen dem für das Projekt.

Neben der Formulierung von Ziel- und Inhaltsentscheidungen, die dem Projektthema entsprechen, können jedoch für einige Schüler auch solche bedeutsam werden, die einzelne Handlungs- und Trainingssituationen sowie Therapiemaßnahmen betreffen.

Unter Verwendung der in der Schülerkartei enthaltenen „Interpretationen und Konsequenzen für den Unterricht" werden die Entscheidungen begründet und Hinweise zu ihrer methodischen Umsetzung gegeben. Sie sind dahingehend zu überprüfen, daß das Lernverhalten des Schülers beobachtet wird und diese Beobachtungen wiederum in die Schülerkartei aufgenommen und interpretiert werden. Auf diesem Hintergrund sind die Entscheidungen stets überprüfbar und revidierbar. Es kann erkannt werden, ob die „Hierarchie, mit der ein Lerngegenstand angeeignet wird" (Dank, S. 61), eingehalten wurde.

Empfehlenswert ist die Berücksichtigung des Konzepts von Dank. Die für schwerstmehrfachbehinderte Schüler, die jedoch in speziellen Klassen unterrichtet werden, ausführlich dargestellten Ziel- und Inhaltsentscheidungen bauen ebenfalls auf den ermittelten Fähigkeiten, Interessen und Bedürfnissen der Schüler auf, deren individuelle Weiterentwicklung im Rahmen eines ganzheitlichen, jedoch nicht projektorientierten Unterrichts kontinuierlich gefördert wird.

Das Interdependenzverhältnis zwischen Förderplanung, Schülerkartei und Arbeitsplan bis hin zur Unterrichtsdurchführung und deren Analyse wird anhand der Übersicht zu Beginn des zweiten Kapitels deutlich.

Anwendungsbeispiel Förderpläne

Förderplan für A.
Unterrichtsprojekt: Wir erleben den Herbst und die Adventszeit
Planungszeitraum: 21.10. – 20.12. 1991

Lebenspraktischer Unterricht

Ziel- und Inhaltsentscheidungen:

1. *Aktive Erkundung der direkten schulischen Umgebung, indem er selbständig zu den Orten, die ihn interessieren (Bälle, Kugeln, Flur, Schulhof), rutscht oder sich auf dem Dreirad vorwärtsbewegt.*
2. *Spiel- und Arbeitsmaterial auf seinem Arbeitsplatz kurze Zeit liegen lassen.*
3. *Berührungen mit Natur- und Arbeitsmaterial zulassen, danach greifen, vielsinnig wahrnehmen.*
4. *Die vorweihnachtliche Stimmung bewußter wahrnehmen und die Tischdekoration (Adventskranz, Weihnachtspyramide, Zweige in einer Vase) liegen lassen.*
5. *Auf Ansprache und Spielangebote der Mitschüler reagieren.*
6. *Feste Bestandteile im Brei essen und kauen.*
7. *Seinen Trinkbecher alleine zum Mund führen, den leeren Becher auf den Tisch zurückstellen.*
8. *Das Waschen der Hände unter fließend Wasser als angenehm empfinden, mit dem Wasser spielen.*
9. *Beim Anziehen aktivere Eigenbewegungen ausführen.*

Begründung und Hinweise:
Eine bewußtere und aktivere Wahrnehmung der direkten schulischen Umgebung ist für A., der auf sich selbst bezogen ist, anzubahnen. Ein Ansatzpunkt liegt in seiner Beweglichkeit und dem aktiven Aufsuchen von Orten, die ihn interessieren. Diese Orte oder Gegenstände können durch projektbezogene Medien in dem Maße verändert werden, daß sie noch sein Interesse erhalten. Infolgedessen wird an seinen Bällen Naturmaterial befestigt und auf dem Schulhof werden Blätterhaufen angeboten.

Sein Verlangen nach Körpernähe und Körperkontakt ist auffällig. Während eines intensiven Kontaktes können wenige Medien hinzugenommen werden. Eine ständig aktiver werdende Auseinandersetzung mit dem Material und ein Ansprechen der Sinne können hierüber initiiert werden. Solche Aktionen werden auch an seinem Arbeitsplatz stattfinden, damit er lernt, Material auf seinem Tisch, aber auch Tischdekorationen in der Eßecke liegen zu lassen.

Über die Beschäftigung mit den Bällen können Kontakte zu den Mitschülern angebahnt werden. Eine bewußtere Wahrnehmung der Klassengemeinschaft und Hinwendung zu einzelnen Schülern ist eine weitere Möglichkeit, ihn aus seiner Isolation herauszuholen. Die Namen der Schüler und sein eigener sollen bei diesen Spielen häufig genannt werden.

Das allmähliche Reduzieren des Kakaogehaltes seiner Speisen und das schrittweise Hinzufügen fester Bestandteile ist für seine gesunde Ernährung wichtig und wurde von ihm bisher akzeptiert, so daß darauf hingewirkt werden kann, daß die Speisen gegen Ende des Planungszeitraumes keinen Kakao mehr, dafür aber immer mehr Bestandteile zum Kauen enthalten.

Zum Erlernen des Händewaschens gehören intensive Spielphasen mit Wasser.

Da A. in seinen Bewegungen flexibel ist, werden diese in aktivere, gezieltere Bahnen gelenkt. Beim An- und Ausziehen kann ebenfalls hierauf hingewirkt werden.

Kulturtechniken

Ziel- und Inhaltsentscheidungen:

1. *Alltagsgegenstände aus seiner direkten Umgebung erkennen.*
2. *Auf Ansprache reagieren, indem er den Kopf hebt und Blickkontakt aufnimmt.*
3. *Mit Handführung mit seinen Fingern und Händen Spuren durch feuchte Farbflächen ziehen; mit Farbe am Zeigefinger drucken.*
4. *Naturmaterial mit Hilfe auf eine Klebfläche drücken.*
5. *Mit großen und kleinen Bällen spielen.*

Begründung und Hinweise:
Alle Ziele können hauptsächlich über den direkten Körperkontakt erreicht werden.

Die Liste der ihm bekannten Gegenstände kann durch einige projektbezogene Medien (herbstliches Naturmaterial, weihnachtliches Dekorations- und Werkmaterial) erweitert werden. Die Annahme von Gegenständen, die nicht nur zu seiner direkten Bedürfnisbefriedigung beitragen, bedeutet für A. eine weitere Öffnung für seine Umgebung und Umwelt. Er erfährt neue Wahrnehmungsimpulse, wodurch weitere projektorientierte Lernprozesse stattfinden können. Dieselben Überlegungen gelten für das zweite Ziel. Die Wahrnehmung von Personen und die Reaktion auf Ansprache dienen der Erweiterung des passiven Wortschatzes einerseits und andererseits der aktiveren Umwelterfahrung, wobei handlungsbegleitendes Sprechen und Benennungen unerläßlich sind.

Die Ziele 3 und 4 sind insofern bedeutsam, als sie den Aufbau einer Arbeitshaltung fördern können. Eine bessere Einbindung in die Gruppe kann ermöglicht werden, indem er seinen Beitrag zu Gemeinschaftsarbeiten leistet. Die Wahrnehmung von Ergebnissen und Resultaten, die durch eigenes Tun bewirkt wurden, ist ein erster Schritt zu einem sinnvollen, zweckgerichteten Lernen.

Seine Lieblingsbeschäftigung mit Bällen kann dahingehend genutzt werden, daß Größenunterschiede verdeutlicht werden und eine gleichzeitige Kommunikation mit Personen stattfinden kann. Wieweit er die Größenunterschiede wahrnimmt, kann nicht überprüft werden; durch das Hantieren und Spielen damit werden ihm aber auf jeden Fall unbewußte Erfahrungen und Wahrnehmungen ermöglicht.

Kreativer Bereich

Ziel- und Inhaltsentscheidungen:

1. *Die Gestaltungsmaterialien durch gemeinsame Handlungen (Körperkontakt) und mit Hilfe von Bällen vielsinnig wahrnehmen.*
2. *Bildteile oder Naturmaterial mit Hilfe aufkleben (vgl. Kulturtechniken Ziel 4).*
3. *Sich mit Hilfe an der Ausführung von Gemeinschaftsarbeiten beteiligen.*

Begründung und Hinweise:
Um überhaupt einfache Gestaltungsaufgaben bewältigen zu können, muß zunächst das Abwehrverhalten gegen die angebotenen Materialien abgebaut werden. Hierzu sind zahlreiche Möglichkeiten zur vielsinnigen Wahrnehmung der Materialien anzubieten. Ein behutsames Vorgehen in kleinsten Schritten ist hierbei wichtig, um ein erneutes Abwehrverhalten zu verhindern.

Rhythmisch-musikalischer Bereich

Ziel- und Inhaltsentscheidungen:
1. *Herbst- und Weihnachtslieder hören, sich dabei entspannen.*
2. *Bei Spielliedern und Spielhandlungen die Mitschüler und Pädagogen bewußter wahrnehmen.*

Begründung und Hinweise:
Da A. sich in für ihn unübersichtlichen Situationen aufregt, erfolgt ein ruhiger, deutlich strukturierter Ablauf von Spielliedern und Spielhandlungen. Es bieten sich hierbei wieder zahlreiche Kommunikationsmöglichkeiten. Im Wechsel mit Liedern, gesungen oder auf Cassette angeboten, werden ihm Möglichkeiten zur Entspannung gegeben.

Bewegungserziehung/Sport

Ziel- und Inhaltsentscheidungen:
1. *Aktives Entdecken der Turnhalle: Durch den Raum rutschen, bereitgelegtes Material wahrnehmen, danach greifen und untersuchen; sich an der Sprossenwand hochziehen.*
2. *Verschieden große Bälle durch die Turnhalle rollen, werfen, Mitschüler dabei einbeziehen.*
3. *Gehübungen: An beiden Händen gehalten, sich am Tisch festhaltend einige Schritte gehen, am Teewagen festhalten und bis zur Küche mitgehen.*

Begründung und Hinweise:
In der Turnhalle werden vorwiegend Bälle, an denen Materialien, die das Projekt repräsentieren, befestigt sind, ausgelegt. An der Sprossenwand

wird ein ebensolcher Schaumgummiball befestigt. Später werden die Bälle allmählich durch mit den o.g. Materialien beklebte Luftballons ersetzt. A. soll hierdurch lernen, sich allmählich auch anderem Material bzw. Gegenständen zuzuwenden. Ein erster Transfer kann erfolgen, wenn ein Gegenstand durch einen ähnlich aussehenden ersetzt wird. Unterschiede ergeben sich durch die Oberflächenbeschaffenheit, die beim Hantieren und Spielen taktil wahrgenommen wird und durch die Handlungsmöglichkeiten.

Da einige Verhaltensweisen, z.B. seine Fortbewegung auf dem Dreirad, dafür sprechen, wird in Absprache mit dem Krankengymnasten ein Gehtraining angebahnt. Zusätzliche Übungen zur Kräftigung der Beinmuskulatur erfolgen während der Krankengymnastik.

1.2.5 Der Wochenplan

Es empfiehlt sich, Themen und Arbeitsschwerpunkte in einem Wochenplan festzulegen. Die Schüler sollten ihren Fähigkeiten entsprechend die Wochenplanung mitbestimmen. Das Lernen in größeren Zusammenhängen wird ihnen hiermit auf anschauliche Weise transparent gemacht.

Verbindliche Vorgaben für die Wochenplanung ergeben sich durch die Belegung von Fachräumen und feste Zeiten für Kursunterricht und Einzeltherapien.

Die für Niedersachsen geltende Lernbereichsübersicht (vgl. SVBL 5/89) ist hierbei nicht im Sinne eines fächerorientierten Stundenplanes zu verstehen, sondern sie dient jeder Klassenstufe als äußerer Orientierungsrahmen. „Alle in der Lernbereichsübersicht genannten Bereiche sind in ihren zeitlichen Anteilen im Laufe eines Planungszeitraumes zu berücksichtigen" (SVBL 5/89, S. 104). Auf diesem Hintergrund sind die Gruppierungen von Lernbereichen zu verstehen, die in Anlehnung an das schuleigene Konzept der Schule, an der ich unterrichte, vorgenommen wurden (vgl. Kap. 1.2.1). Es bieten sich natürlich auch andere Gliederungsmöglichkeiten an. Es sollte jedoch beachtet werden, daß eine Aufteilung in viele einzelne Lernbereiche die ganzheitliche, projektorientierte Planung erschweren kann. Deshalb sind die fachorientierten Lernbereiche ebenfalls den Lernbereichsgruppen zugeordnet. Ziele und Inhalte für diese Lernbereiche werden speziell, wie z.B. im Arbeitsplan (Kap. 1.2.3), ausgewiesen, ohne den Bezug zum Projekt zu verlieren.

Für die Schüler ist es übersichtlicher, wenn für einen Tag nicht zu viele Themenschwerpunkte festgelegt werden. Die Verwendung von Fotos, Abbildungen und Symbolen ist den Schülern bei der Entscheidungsfindung eine unerläßliche Hilfe. Ein Organisationsplan mit Therapiezeiten, Fachraumbelegungen, Kursen ergänzt den Wochenplan. Fotos von Lehrern, Therapeuten und Schülern, Abbildungen und Symbole machen die Wochenpläne und den Organisationsplan für die Schüler „lesbar“ (Beispiele für Organisationspläne s. Dank, S. 136; Fischer, E./Mertes, S. 42).

Anwendungsbeispiel Wochenplan für den Zeitraum 04.11.–08.11. 1991

Montag	Dienstag	Mittwoch	Donnerstag	Freitag
8.15–9.30 Uhr Einkaufen: Gemeinsame Entscheidungen, welche Speisen zubereitet werden	Unterrichtsgang: Gemeinsame Entscheidungen bezügl. Ziel, Aktionen; thematischer Bezug zum Thema „Herbst“	Gestaltungsmöglichkeiten mit Herbstblättern: Wahrnehmen, untersuchen, experimentieren, gestalten	Gestaltungsmöglichkeiten mit Kastanien, Eicheln, Bucheckern und Astteilen: Wahrnehmen, untersuchen, experimentieren, gestalten	Gemeinsames Frühstück mit allen Klassen: Tisch decken und abräumen s. Ämterplan
9.30–10.30 Uhr: Frühstück, Tisch decken, abräumen, abwaschen und abtrocknen nach Ämterplan				
11.00–12.00 Uhr Hauswirtschaft: Sch. teilen sich in Arbeitsgruppen auf	Untersuchungen von mitgebrachtem Material; Aufbewahrungsmöglichkeiten dafür finden; überlegen, welche Aktionen mit dem Material möglich sind	Verwendungsmöglichkeiten der Blätter beim Lesen, Schreiben, Rechnen	Verwendungsmöglichkeiten des Materials beim Lesen, Schreiben und Rechnen	10.45–11.30 Uhr Besprechung und Festlegung des folgenden Wochenplans
12.00–13.15 Uhr: Mittagessen, s.o.				
13.45–14.30 Uhr Geschirr abwaschen und abtrocknen, aufräumen; die Sch. legen einen Ämterplan für die Woche an	Textilarbeit: Blätterdrucke auf Stoff	Sport: Bewegungsmöglichkeiten mit Rollbrettern	Schwimmen	
14.30–15.15 Uhr Spielen/Freizeit	Musik/Rhythmik: Herbstlied „Der Herbst ist da“	Religion		

2. Der ausführliche Unterrichtsentwurf

Auf der Grundlage der projektorientierten Planung erfolgt nun die Stundenplanung, wobei der Begriff „Stunde" nur der Einfachheit halber verwendet wird (vgl. Kap. 2.4).

Jeder Sonderschullehrer hat bereits im Verlauf seiner schulpraktischen Ausbildung eine Reihe von „ausführlichen Unterrichtsentwürfen" geschrieben. Die meisten Ausbildungsseminare geben hierfür eine Gliederung vor, deren Qualität jedoch zuweilen zu wünschen übrig läßt, da die Vermittlung des theoretischen Hintergrunds oftmals versäumt wird.

Die folgende Begebenheit, die sich tatsächlich ereignet hat, macht die mangelnde Ausbildungskompetenz mancher Ausbilder und deren Willkür bezüglich der Ausbildungsinhalte deutlich: In einem Ausbildungsseminar wurde von Schulpädagogischen Seminarleitern an Fachseminarleiter und Anwärter die Fotokopie eines Artikels (ohne Quellenangabe) verteilt, mit der Vorgabe, danach Unterrichtsentwürfe anzufertigen. Das theoretische Konzept, das diesem Artikel sicherlich zugrunde lag, wurde weder mitgeliefert noch mit den Beteiligten intensiv erarbeitet. Erstaunlicherweise wurde dem mit wenigen Ausnahmen kritiklos entsprochen. Eine von den Anwärtern in den Entwurf eingeschobene Gliederung, basierend auf den folgenden Planungskriterien, jedoch ohne die entsprechenden Überschriften, wurde von den betreffenden Ausbildern nicht einmal bemerkt.

Diese Anekdote verdeutlicht, welche Blüten das Thema „Ausführlicher Unterrichtsentwurf" treiben kann und wie von manchen Ausbildern bewußt in Kauf genommen wird, daß Anwärter aus dem „Planungsdickicht", in das sie sie hineingeführt haben, nicht mehr herausfinden.

Die folgende Übersicht verdeutlicht die jetzige Planungsstation:

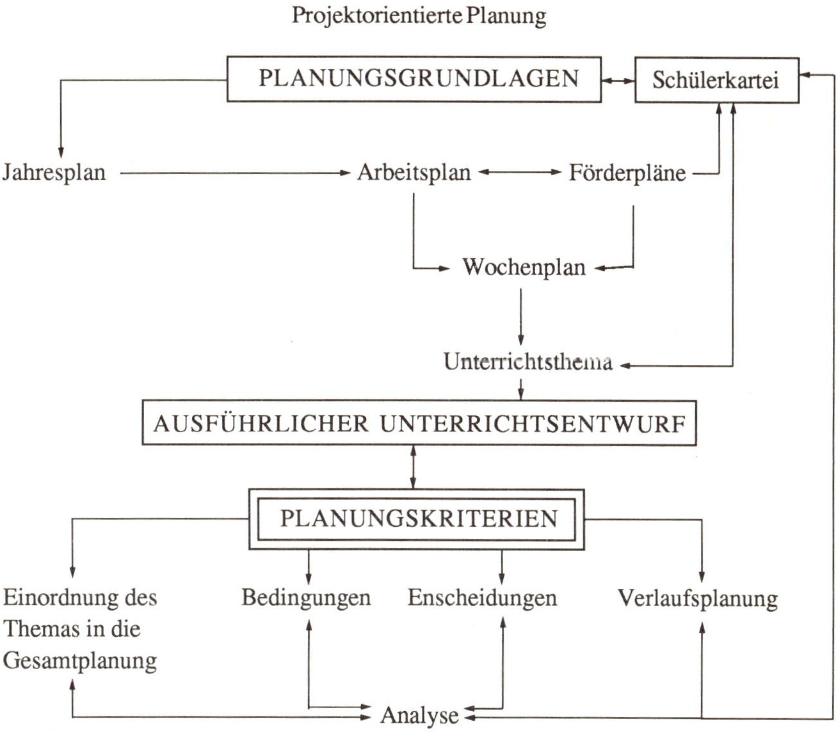

Abb. 3: Übersicht der Planungsstationen

Im Gegensatz zu Berlin besteht in Niedersachsen seitens der Ausbildungsseminare, von obigem Beispiel abgesehen, Offenheit bezüglich der Unterrichtsplanung und der Gliederung von Entwürfen. In Berlin entspricht diese nach wie vor der „Berliner Schule" von Heimann, Otto, Schulz.

Den meisten aussagekräftigen Entwürfen liegen die folgenden Planungskriterien zugrunde:

- Einordnung des Themas in die Gesamtplanung
- Bedingungen: Anmerkungen zur Schulklasse, Sachdarstellung
- Entscheidungen: Eingrenzung des Themas auf die Interessen und Bedürfnisse der Schüler, Lernziele, Begründung der Ziele und Inhalte, Begründung der Methoden- und Medienwahl
- geplanter Unterrichtsverlauf

Diese Kriterien sind „Strukturmomente“ der Unterrichtsplanung für geistigbehinderte und schwerstmehrfachbehinderte Schüler. Sie werden einer gemeinsamen Unterrichtung gerecht, lassen aber genug Offenheit für Differenzierungen zu, ohne Schüler auszugrenzen. Sie werden theoretisch durch bekannte didaktische Modelle und weiterführende Fachliteratur gestützt (z.B. Heimann/Otto/Schulz, Jank/Meyer, Klafki, Meyer 1988 und 1991, Peterßen).

Die in diesem Kapitel nacheinander eingefügten Anwendungsbeispiele sind als zusammenhängender Unterrichtsentwurf zu sehen.

2.1. Einordnung des Themas in die Gesamtplanung

Das Thema ist in das für diesen Zeitraum geplante Projekt und einer daraus ausgewählten Unterrichtseinheit eingebunden. Da sämtliche Lern- bzw. Unterrichtsbereiche in das Projekt einmünden, ist dieses Thema einem bzw. mehreren Lern-/Unterrichtsbereichen oder einer Lernbereichsgruppe zugeordnet. Außerdem hat es gemeinsam mit anderen Themen seinen festen Platz in der ausgewählten Unterrichtseinheit. Diese Themen sind sachlogisch in eine Reihenfolge gebracht und stehen in enger Verbindung zueinander. Die Auflistung der einzelnen Stunden einer Unterrichtseinheit bedeutet keine endgültige Festschreibung von Themen, sondern weist auf den sachlogischen Aufbau der Einheit hin. Handelt es sich um einen fachorientierten Lehrgang (z.B. Werken, Ästhetische Erziehung), so können die Stunden auch unter dem Aspekt einer bestimmten Technik zusammengefaßt sein. Eine Unterrichtseinheit sollte für die Schüler überschaubar und transparent bleiben und deshalb nicht zu viele Stunden enthalten.

Anwendungsbeispiel

Unterrichtsentwurf

Helga Heits, Sonderschullehrerin
Schule:
Klasse: M 4 (3 M./3 J.)
Datum: 06.11.1991
Uhrzeit: 9.00 – ca. 9.45
Pädagogische Mitarbeiterin: Frau Sch.

Einordnung des Themas in die Gesamtplanung

Lernbereiche: Kreativer Bereich (Ästhetische Erziehung, Werken)
Lernverbindungen: Lebenspraktischer Unterricht (Natur),
entwicklungsorientierter Lernbereich Wahrnehmung

Unterrichtsprojekt: Wir erleben den Herbst und die Adventszeit
Unterrichtseinheit: Wir gestalten mit Naturmaterial

Unterrichtsthema: Wir nehmen Herbstblätter mit allen Sinnen wahr und gestalten damit Herbstbäume

Themen der Unterrichtseinheit:

- Wir bringen Herbstblätter von draußen mit und pressen sie
- Wir ertasten und betrachten die Herbstblätter und stellen damit eine Frottage her
- Wir nehmen Herbstblätter mit allen Sinnen wahr und gestalten damit Herbstbäume
- Wir kleben mit den Herbstblättern einen Türkranz
- Wir tuschen mit den Farben rot, gelb, grün, braun

2.2 Bedingungen

Es ist zu überlegen, welche Voraussetzungen und Bedingungen auf den zu planenden Unterricht Einfluß nehmen können. Hierzu gehören die Klassensituation, die Interessen, Bedürfnisse und das Vorwissen der Schüler, das Schulkonzept und der zur Verfügung stehende Organisationsrahmen. Weitere Bedingungen werden durch das Thema selbst gestellt: Es gilt, die Sachstruktur zu ermitteln und diese im Entscheidungsfeld auf die klassenspezifischen Bedingungen einzugrenzen.

2.2.1 Anmerkungen zur Schulklasse

Über die in der Schülerkartei enthaltenen Informationen hinaus werden in den Unterrichtsentwurf Angaben zur Klassensituation, zum Sozialgefüge der Klasse, zum Vorwissen der Schüler zu diesem Thema, ihren Bedürfnissen und Interessen in diesem Zusammenhang und zum schulischen Organisationsrahmen aufgenommen.

Anwendungsbeispiel

Bedingungen

Anmerkungen zur Schulklasse

Schülerbeschreibungen s. Schülerkartei

Klassensituation und schulischer Organisationsrahmen:
Seit dem 15.08.1991 bin ich in dieser neu zusammengesetzten Klasse mit 19 Stunden als Klassenlehrerin eingesetzt. Frau G. erteilt 13 Unterrichtsstunden in den Lernbereichen Verkehrserziehung, Hauswirtschaft, Musik und Rhythmik; Frau K. gibt eine Stunde Religion. Seit dem 01.11.1991 ist Frau Sch. als Pädagogische Mitarbeiterin in dieser Klasse neu eingesetzt worden. Sie wurde von den Schülern schnell akzeptiert, so daß der Unterricht nach Plan weitergeführt werden kann. Der Standort der Schule ermöglicht es uns, zahlreiche Unterrichtsgänge in die nähere Umgebung zu machen. Das Konzept dieser Schule sieht Klassen mit einer heterogenen Schülerschaft vor.

einen SLA in den Unterricht einzuladen. Nachdem die Beobachtungsschwerpunkte festgelegt worden sind, wird dazu nach der Stunde die Stellungnahme zur Unterrichtsanalyse angefertigt. Darüber hinaus können sich weitere Besprechungsaspekte, die sich aus dem Stundenverlauf ergeben haben, zur Diskussion stellen. Währenddessen trägt die Beobachtergruppe ihre Ergebnisse zusammen, so daß eine gemeinsame Beurteilung der Stunde vorgenommen werden kann. Ein Beobachter oder der Beobachtete selber faßt die Ergebnisse zusammen und gibt einen Ausblick auf die weitere Planung und Durchführung des Unterrichts. Eine detaillierte Analyse und eine umfassende Beratung schließen die Planung und Durchführung der Unterrichtsstunde erfolgreich ab (vgl. Heits/Schneider).

Eine weitere effektive Vorgehensweise bei der Unterrichtsanalyse ist der Einsatz von Videoaufnahmen.

5.1.3 Die Unterrichtsmitschau mit Hilfe von Videoaufnahmen

Es lohnt sich, Aufzeichnungen der Unterrichtsstunde, bestimmter Schwerpunkte der Stunde oder der Stellungnahme zur Unterrichtsanalyse mit der Videokamera anfertigen zu lassen. In diesem Fall wird nicht nur eine Rückmeldung durch Beobachter gegeben, sondern es wird auf eine selbstkritische Einschätzung des eigenen Unterrichts Wert gelegt. Anhand der Analysekriterien bieten sich folgende Verfahrensweisen an (vgl. Heits/Schneider).

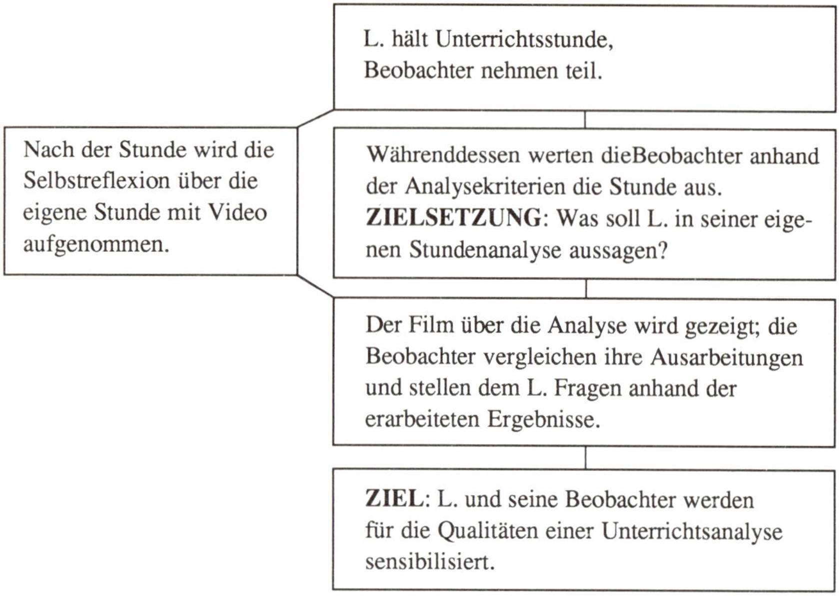

Abb. 6: Verfahrensweise Unterrichtsmitschau per Video (Beispiel I)

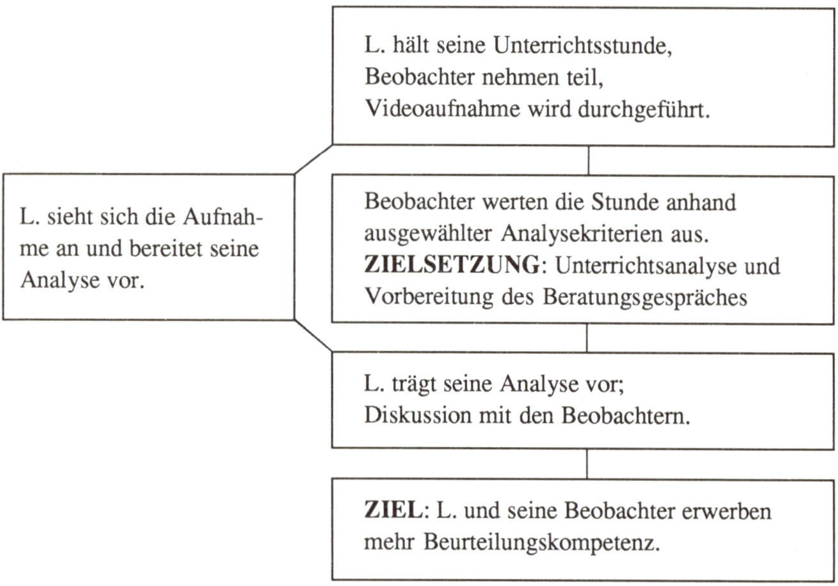

Abb. 7: Verfahrensweise Unterrichtsmitschau per Video (Beispiel II)

Es sollte beachtet werden, daß eine Unterrichtsmitschau per Video kein vollwertiger Ersatz für eine direkte Unterrichtsmitschau sein kann. Der Idealfall wäre, wie in diesen beiden Beispielen vorzugehen. Die Videoaufnahmen werden lediglich unterstützend hinzugezogen, um die Ziele zu erreichen. Gerade wenn in einer Klasse mit einem Anteil an schwerstmehrfachbehinderten Schülern unterrichtet wird, ist diese Vorgehensweise sinnvoll: Interaktionen in der gesamten Gruppe, die Lernatmosphäre, das Lehrerverhalten und seine Zusammenarbeit mit dem Betreuungspersonal können nur direkt vor Ort vollständig wahrgenommen werden.

Die Vorteile und Grenzen der Unterrichtsmitschau per Video und der direkten Unterrichtsmitschau werden anhand folgender Gegenüberstellung deutlich (übernommen aus Heits/Schneider, S. 279, 280):

Unterrichtsmitschau per Video	Direkte Unterrichtsmitschau
Möglichkeiten	**Möglichkeiten**
– Beobachtung des eigenen Unterrichtsverhaltens – gezielte Beobachtung einzelner Schüler und -gruppen – Wiederholungsmöglichkeiten – Arbeit an einem bestimmten Sachverhalt – scheinbar unwichtige Dinge können in den Vordergrund treten – SLA kann seine Stundenanalyse überprüfen Beratungsgespräche können aufgenommen werden	– Lernatmosphäre wird wahrgenommen – bei Schwerstbehinderten: Interaktionen zwischen SLA-Sch., SLA-Betreuungspersonal, Sch.-Betreuungspersonal – originale Akustik – die beobachtenden SLA können aktiv am Unterricht mitwirken – die Beobachter können die Arbeitsergebnisse aller Sch. einsehen
Grenzen	**Grenzen**
– Blickwinkel der Kameraführung vom Aufnehmenden abhängig – Lernatmosphäre wird ungenau wiedergegeben – die gesamte Klasse ist nie im Blickfeld (Interaktionen von SLA mit einzelnen Sch. oder Sch.-Gruppen)	– SLA ist auf die Beratung durch andere vollständig angewiesen – wenn nur ein Beobachter anwesend ist, geschieht die Beratung aus einem sehr persönlichen Blickwinkel heraus – wichtige Aspekte können übersehen werden

- akustische Qualität
- Befangenheit von SLA und Sch. bei der Aufnahme
- Aufwand für Beschaffung und Betrieb der Anlage
- beschränkte Bildgröße

- die Beobachter können die Schüler ablenken
- die Unterrichtsstunde ist für spätere Seminarsitzungen nicht mehr verfügbar

Abb. 8: Gegenüberstellung von Unterrichtsmitschau per Video und direkte Unterrichtsmitschau

6. Literatur

Bach, H.: Geistigbehindertenpädagogik. Berlin (Marhold) 1975

Begemann, E.: „Sonder"-(schul-)Pädagogik: Zur Notwendigkeit neuer Orientierungen. In: Z. Heilpäd. 43/4, 1992

Breitinger, M./Fischer, D.: Intensivbehinderte lernen leben. Würzburg (Vogel) 1981

Buchka, M.: Der projektorientierte Unterricht mit Geistigbehinderten. In: Pohl, R. (Hrsg.): Beispiele für die Verwirklichung der „Empfehlungen für den Unterricht in der Schule für Geistigbehinderte (Sonderschule)". Dortmund (Wulff & Co) 1981

Dank, S.: Individuelle Förderung Schwerstbehinderter. Dortmund (verlag modernes lernen) 5.1987

Der Senator für Schulwesen, Jugend und Sport: Didaktische Informationen zum Rahmenplan für die Schule für Geistigbehinderte. Berlin 1983

Dittmann, W./ Klöpfer, S./ Ruoff, E.: Zum Problem der pädagogischen Förderung schwerstbehinderter Kinder und Jugendlicher. Rheinstetten (Edition Schindele) 2.1984

Fischer, D.: Neues Lernen mit Geistigbehinderten. Eine methodische Grundlegung. Würzburg (Vogel) 2.1981

Fischer, E./ Mertes, J.P. (Hrsg.): Unterrichtsplanung in der Schule für Geistigbehinderte. Dortmund (verlag modernes lernen) 1990

Heimann, P./ Otto, G./ Schulz, W.: Unterricht – Analyse und Planung. Hannover (Schroedel) 7.1971

Heits, H.: Kooperativ-partnerschaftliche Arbeitsformen im Unterricht der Schule für Geistigbehinderte, dargestellt am Projekt „Gestaltung eines öffentlichen Basars". In: Z. Heilpäd. 33/10, 1982

Heits, H.: Der Jugendwaldeinsatz als eine Möglichkeit der Vorbereitung geistigbehinderter Jugendlicher auf das Leben nach der Schulzeit. In: Z. Heilpäd. 35/3, 1984

Heits, H./ Schneider, B.: Möglichkeiten und Grenzen des Einsatzes von Video-Aufnahmen in der zweiten Ausbildungsphase von Sonderschullehreranwärtern. In: Haeberlin, U./ Amrein, Ch. (Hrsg.): Forschung und Lehre für die sonderpädagogische Praxis. Bern, Stuttgart (Haupt) 1987

Jank, W./ Meyer, H.: Didaktische Modelle. Frankfurt/M. (Cornelsen) 1971

Josef, K.: Lernen und Lernhilfen bei geistig Behinderten. Berlin (Marhold) 3.1974

Klafki, W.: Didaktische Analyse als Kern der Unterrichtsvorbereitung. In Roth, H./ Blumenthal, A. (Hrsg.): Auswahl 1, Reihe A. Hannover (Schroedel) 1964

König, E./ Riedel, H.: Systemtheoretische Didaktik. Weinheim, Basel (Beltz) 1973

Kramp, W.: Hinweise zur Unterrichtsvorbereitung für Anfänger. In: Roth, H./ Blumenthal, A.: Auswahl 1, Reihe A. Hannover (Schroedel) 1964

Mager, R. F.: Lernziele und programmierter Unterricht. Weinheim, Basel (Beltz) 1965 und 1977

Meyer, H.: Unterrichtsmethoden I: Theorieband. Frankfurt/M. (Cornelsen) 2.1988

Meyer, H.: Leitfaden zur Unterrichtsvorbereitung. Frankfurt/M. (Cornelsen) 10.1991

Mühl, H.: Handlungsbezogener Unterricht mit Geistigbehinderten. Bonn, Bad Godesberg (Dürr) 5.1983

Niedersächsischer Kultusminister: Rahmenrichtlinien für den Unterricht in der Schule für Geistigbehinderte. Hannover 1985

Otto, G.: Kunst als Prozeß im Unterricht. Braunschweig (Westermann) 3.1971

Peterßen, W. H.: Handbuch Unterrichtsplanung. München (Ehrenwirth) 4.1991

Radigk, W.: Arbeitsmittel und Arbeitshilfen im Unterricht der Schule für Lernbehinderte. Berlin (Marhold) 1975

Schroeder, G.H.: Gruppenunterricht – Beitrag zu demokratischem Verhalten. Berlin 1975

Schulverwaltungsblatt (SVBL) für Niedersachsen: Die Arbeit in der Schule für Geistigbehinderte. Heft 5, Hannover 1989

Staatsinstitut für Schulpädagogik: Lehrplan und Materialien für den Unterricht in der Schule für geistig Behinderte. München 1982
Theunissen, G.: Neuere Ansätze zur Förderung schwerstbehinderter Menschen und Perspektiven für die heilpädagogische Arbeit. In: Z. Heilpäd. 43/1, 1992

III. ANWENDUNGSBEISPIELE

von Erika John

1. Zu Fragen didaktischer Modelle

Die folgenden ausführlichen wie auch die kurzverfaßten Unterrichtsentwürfe (s. Kurzentwürfe) orientieren sich, wie in der Sonderschullehrerausbildung in Berlin noch üblich, an den Strukturmomenten des „Berliner Modells“ der lerntheoretischen Didaktik von 1965, das damals in seinen Ansätzen primär unter dem Aspekt der Lehrerausbildung entwickelt wurde. So schreibt Schulz (1965, S. 22 f.): Wer einer Unterrichtsstunde beiwohnt, möchte den Unterrichtsentwurf „geordnet befragen können, um schnell festzustellen, wo Schwerpunkte, wo Leerstellen in der Planung vorliegen, wie Planung und Durchführung sich zueinander verhalten.“ An anderer Stelle bemerkt er (1972, S. 165) selbstkritisch, daß sich der erste Ansatz seiner Didaktik viel weniger brauchbar für die Planung von Unterricht als für die Analyse erwiesen habe. Meyer (1991, S. 216) spricht kritisch von einer „Didaktik für Lehrerausbilder“.

Das von Schulz weiterentwickelte „Hamburger Modell“ mit dem Schwerpunkt interaktionaler Prozesse im Unterricht (vgl. Schulz 1980/1986) bietet noch kein ausreichend übersichtliches Gesamtkonzept der Unterrichtsplanung; es geht in seiner Utopie einer besseren, humaneren und schülerorientierteren Schule am Schulalltag vorbei (Kritik von Meyer, ebd., S. 233).

Für eine neue Unterrichtskultur im Sinne des Hamburger Modells, des Unterrichtskonzepts eines handlungsorientierten Lernens, des offenen Unterrichts gilt einerseits der Ausspruch „Wege entstehen beim Gehen“ und andererseits der Anspruch, ein fundiertes, theoriegeleitetes Gesamtkonzept einer Didaktik zu entwickeln, die realitätsgerichtet schülerzentriertes Lernen in den Mittelpunkt stellt.

2. Zur Praxis des projektorientierten Lernens an der Schule für Geistigbehinderte

Projektorientiertes Lernen, das aus dem Blickwinkel verschiedener Unterrichtsbereiche heraus ein Rahmenthema aufarbeitet, stellt einen Konsens pädagogischer Grundlagen dieses Schultyps dar. Ein solchermaßen ganzheitliches Lernen zeigt viele Ähnlichkeiten mit dem fächerübergreifenden Lernen des Vorfachlichen Unterrichts in der Grundschule.

Ein Projektthema innerhalb der verschiedensten Unterrichtsbereiche – aus motopädagogischer, musisch-rhythmischer Sicht, aus dem Bereich der Kulturtechniken oder dem bildnerischen Gestalten – vielsinnig aufzuarbeiten, bereitet bereits in der Planungsarbeit eine „schöpferische Befriedigung". Die Unterrichtsplanung wird interessant und lebendig, weil die/der Planende selbst exemplarisch die Vielseitigkeit des Sachgegenstands und seiner Lernfelder erfährt. Die vielfache Verflechtung eines Projektthemas (vgl. Buchka 1985) verliert aber innerhalb der Langzeitplanung sehr leicht an Deutlichkeit. Es erscheint deshalb sinnvoll, das Thema in einer Projektübersicht als eine Verknüpfung möglicher Teilvorhaben bzw. Unterrichtseinheiten darzustellen. Exemplarische Beispiele dieser Art zu Projektthemen habe ich zu den ausführlichen Stundenentwürfen wie auch zu den Kurzentwürfen entwickelt (s. Beispiele, S. 210/221, Kapitel III). Da allgemein in unserer Unterrichtspraxis noch keineswegs ein durchgängiges projektorientiertes Arbeiten praktiziert wird, erscheinen Projektwochen für Schüler und Lehrer als ein motivierendes Einstiegserlebnis in dieses Unterrichtskonzept.

Die meisten Themen der Projektwochen können jedoch im Vorstellungsvermögen der Schüler kaum ausreifen. Mit Beginn der Woche fangen die Schüler oft am Nullpunkt an und müssen sich als Arbeitsgruppe erst zusammenfinden, bevor sie zur Partizipation an Planung und Durchführung hinzugezogen werden können. Wenn dann endlich ein inhaltlicher Einstieg erfolgt ist, fehlt die Zeit für eine mögliche Vertiefung, denn der Repräsentationstag steht kurz bevor und unterbricht die Entwicklung erweiterter Ideen. Vieles kann auch nachträglich nicht weiter aufgefangen oder aufgearbeitet werden: Ein abrupter, wenn auch äußerlich repräsentativer Abbruch.

Insofern ist es geboten, darüber hinaus nach anderen Projektmöglichkeiten zu suchen. Beispiele für Projektaktivitäten, die weniger kompakt und spektakulär, sind aber längerfristig in den Schulalltag eingebaut wurden, gibt es genug (vgl. Die Grundschulzeitschrift 38/1990, S. 6 f.).

In einem Bcitrag von Hagstedt (ebd.) werden „Projekttypen" aufgezeigt, die auch für unsere Schulpraxis beispielhaft wären. Da gibt es die Möglichkeit eines „institutionalisierten Tagesprojektes"; eine feste Einrichtung innerhalb der Schule. Alle Klassen sind insoweit einbezogen, als einmal in der Woche eine Klasse die Verantwortung für die Durchführung übernimmt. Als Beispiel berichtete Nalepa (ebd.) über ein „Bäcker-Projekt", das sich einmal in der Woche mit der Herstellung und dem Verkauf von frischen Brötchen innerhalb der Schule befaßt.

Ein anderes Beispiel ist das „Projekt mit Partnerklassen": Die Vorbereitung des Projekts erfolgt zwar zunächst im Klassenverband, im weiteren werden dann Paten-, Korrespondenz- oder/und Parallelklassen beteiligt. Thematisch bieten sich viele Möglichkeiten: Es kann eine Schulzeitung zusammengestellt werden bzw. eine große Tastwand als Ergebnis des Projektes „Spaziergang mit den Sinnen" entstehen (vgl. Garlichs, ebd.) oder auch die Erstellung einer „Lesestadt" als mögliches Langzeitprojekt zwischen einer Lese- und Werk-AG geplant werden.

An dieser Stelle sei darauf hingewiesen, daß die Ermöglichung von Kontinuität bei der Durchführung dieser Ideen sich erübrigt, wenn zu Vertretungszwecken „überflüssige" Aktivitäten der mangelnden Personalsituation zufolge abgezogen werden.

Die in den Grundschulen mit sehr viel Engagement durchgeführten Projekte wurden teilweise durch Helfer von außen unterstützt (Eltern, Erzieher, Bekannte), um die zur Realisation notwendigen Sonderbedingungen abzusichern.

Die Unterrichtsorganisation unserer Schule bietet im besonderen Maße vielfältige Möglichkeiten und Organisationsformen des projektorientierten Arbeitens, die es aktiver auszuschöpfen gilt. Dabei ist darauf hinzuweisen, daß der projektorientierte Unterricht keine Kümmerform des Projektunterrichts darstellt.

Der Vorschlag einer veränderten Terminologie, nämlich „Vorhabenunterricht" (vgl. Buchka 1985) zementiert ein solches Mißverständnis und muß auf ihren Theoriebezug hin kritisch hinterfragt werden.

Literatur

Barnitzky, Christiani (Hrsg.): Zehn Projekte im Sachunterricht. Frankfurt/M. 1991

Buchka, M.: Planungsebenen zum projektorientierten Unterricht bei Geistigbehinderten. In: Lernen Konkret, September 1985

Dolderer, M.: Kooperation zwischen behinderten und nichtbehinderten Kindern und Jugendlichen. (Projekt: „Brot backen"). Bad Honnef 1991

Feuser, G., Meyer, H.: Zur Projektorientierung. In: Feuser, G., Meyer, H.: Integrativer Unterricht in der Grundschule. Solms-Oberbiel 1986

Frey, K.: Die Projektmethode. Weinheim, Basel 1982

Gudjons, H.: Handlungsorientiertes Lehren und Lernen. Projektunterricht und Schüleraktivität. Bad Heilbrunn 1989

Hagstedt, H. u.a.: Zeit für Projekte. In: Die Grundschulzeitschrift 38, 1990

Hänsel, D. (Hrsg.): Das Projektbuch Grundschule. Weinheim, Basel 1986

Hänsel, D., Müller, H. (Hrsg.): Das Projektbuch Sekundarstufe. Weinheim, Basel 1988

Jank, W., Meyer, H.: Didaktische Modelle. Frankfurt/M. 1991

Kleinert, I.: Vom Flachs zum Leinen. In: La 17 (1991), H. 1

3. Ausführliche Unterrichtsentwürfe

3.1 Anwendungsbeispiel 1: Unterrichtsbereich „Spracherziehung“

Lektionsentwurf

Name:	Erika John
Klasse:	Oberstufe (O/2)
Schüler:	4 Mädchen / 3 Jungen
Zeit:	8.30 – 9.15 Uhr

Unterrichtsbereich:	Spracherziehung	
Projektthemen:	I	Öffentliche Verkehrsmittel in Berlin
	II	Meine Wohnung und ihre Umgebung

Gliederung

3.1.1. Angaben zur Unterrichtseinheit
3.1.1.1 Thema der Einheit
3.1.1.2 Bezug zum Rahmenplan
3.1.1.3 Aufbau der Unterrichtseinheit
3.1.1.4 Ziele der Unterrichtseinheit

3.1.2. Voraussetzungen
3.1.2.1 Sachdarstellung
3.1.2.2 Die Lerngruppe
3.1.2.3 Sachstruktureller Entwicklungsstand
3.1.2.4 Zur Klassensituation

3.1.3. Entscheidungen
3.1.3.1 Didaktische Reduktion
3.1.3.2 Stundenziel
3.1.3.3 Begründung der Ziele und Inhalte
3.1.3.4 Didaktisch-methodische Überlegungen

3.1.4 Sitzplan

3.1.5 Literatur

3.1.6 Anhang

3.1.7 Verlaufsplanung

3.1.1. Angaben zur Unterrichtseinheit

3.1.1.1 Thema der Einheit

Erstellen von Fotos (Umgang mit dem Fotoapparat) für die Gestaltung einer Wandzeitung zum Thema „Meine Wohnung und ihre Umgebung“.

3.1.1.2 Bezug zum Rahmenplan

In den Didaktischen Informationen zum Berliner Rahmenplan der Schule für Geistigbehinderte werden unter II.2.3 zum Umweltbereich, speziell zum Bereich „Ausflüge, Spaziergänge und Lehrwanderungen“, als Medien Fotoapparate, Filme, Dias und Alben für den Unterricht der Mittel- und Oberstufe empfohlen.

Für die Abschlußstufe wird unter A 3.3.5 Fotografieren als eine UE über einen längeren Zeitraum, einschließlich der Anlage eines Bilderalbums, aufgeführt. Dementsprechend knüpft das Thema dieser Unterrichtseinheit, wie auch das Unterrichtsvorhaben selbst, an die unter II.2.3 aufgeführten Medienvorschläge und ihre Erarbeitung an und richtet sich zukunftsbezogen auf die für diese Oberstufenklasse unmittelbar folgende Abschlußstufentätigkeit (A 3.3.5).

3.1.1.3 Aufbau der Unterrichtseinheit

1. Std.: Unser neuer Fotoapparat
– Erkundender Umgang ohne Film –
2. Std.: Wir probieren den Fotoapparat aus
– Ausflug zu Dilek; wir fotografieren ihr Haus und ihre Straße –
3. Std.: Wir lernen die vereinfachte Funktion und die Begriffe wichtiger Bestandteile unseres Fotoapparates kennen (Sucher und Auslöser)
4. Std.: Die Schüler bringen ihren eigenen Fotoapparat zum nächsten Ausflug mit und fotografieren entsprechend ihrer Thematik
5. Std.: Die Schüler fotografieren mit Unterstützung ihrer Eltern ihr Haus und ihre Straße
6. Std.: Wir bringen unsere Filme zur „Entwicklung“

– Unterrichtsgang zur nächsten Foto-Annahmestelle im Umkreis der Schule –

7. Std.: Auswertung der Bilder nach einfachen Ordnungskriterien zum Bildausschnitt (oben, unten, Mitte etc.) und Zuordnung zu den Portraits (vorläufiges Pinnwand-Bild)

8. Std.: Wir sammeln Fotos in begonnenen Alben als Vorarbeit für die folgende Abschlußstufe der Schüler

3.1.1.4 Ziele der Unterrichtseinheit[1]

Kognitiv:
- Erweiterung des Wortschatzes
- Verbesserung der Sprachbereitschaft
- Verbesserung des Farb-, Form- und Gestalterfassens
- Verbesserung des Unterscheidungsvermögens
- Verbesserung der richtigen Aussprache
- Reduzierung von Sprachbarrieren
- Verbesserung des Beobachtungsvermögens

Psychomotorisch:
- Verbesserung der visuo-motorischen Fähigkeiten
- Verbesserung der Wahrnehmungstüchtigkeit
- Verbesserung der Feinmotorik der Hand
- Verbesserung der Ausdrucksfähigkeit

Sozialaffektiv:
- Förderung des Selbstbewußtseins
- Wecken der Freude an den Dingen der Umwelt
- Verbesserung der sozialen Struktur innerhalb der Klasse und der Kontaktfähigkeit der Schüler untereinander
- Freude, Teilnahme und Anbahnung möglicher Freizeitbeschäftigungen

[1] Hinweis auf Zielproblematik – siehe Kapitel II

3.1.2. Voraussetzungen

3.1.2.1 Sachdarstellung

Zur Definition von Fotografie sagt das Lexikon: „Herstellung von Bildern durch die Einwirkung des Lichtes über ein Objektiv auf eine lichtempfindliche Schicht in der fotografischen Kamera ...“. Seit ihren frühen anfängen (Daguerre, 1839) ist die Fotografie inzwischen zu einem beliebten Hobby innerhalb vieler Bevölkerungskreise geworden. Entsprechend breit gefächert ist das Marktangebot an Kameras und die damit verbunden fotografischen Möglichkeiten.

Durch die Vielfalt an Einsatz- und Anwendungsmöglichkeiten wird insbesondere an den Schulen das Medium Fotografie zu einem beliebten und unersetzbaren Bestandteil in der Unterrichtsarbeit. Gemäß der Ausgangssituation unserer SchülerInnen handelt es sich um einen Fotoapparat, der

- mittels einer Automatik Abstand, Belichtung und Zeit einstellt,
- eine überschaubare, deutliche Anordnung von Sucher, objektiv, Transporter und Auslöser aufweist,
- mit einem Blitzlicht für Innenaufnahmen versehen ist.

Der Vorgang des Fotografierens entspricht der einfachen Konstruktion des Apparates: Durch den gut erkennbaren Sucher wird der Bildausschnitt ermittelt, dann wird der Finger auf den leicht ertastbaren, farblich rot gekennzeichneten Auslöserknopf gelegt und abgedrückt. An dem gezackten Transporter-Rädchen wird der Film weitergedreht. Der Blick durch den Sucher erfordert das Verschließen des anderen, unbeteiligten Auges. Die Zeitspanne zwischen dem Fixieren des Bildausschnitts und dem Auslösen erfordert Konzentration und eine ruhige Handhaltung. Die Wahl des Bildausschnitts beinhaltet neben gestalterischen Entscheidungen Verständnis für Ordnung im Raum (oben, unten, seitlich etc.) und stellt Ansprüche innerhalb der visuo-motorischen Koordinationsfähigkeit.

3.1.2.2 Die Lerngruppe

(Für die Möglichkeiten der Beschreibung zu diesem Bereich verweise ich auf vorhergehende Beispiele des Kapitels II; ebenso für die Ausführungen zu 2.4 Zur Klassensituation.) Zum Verständnis des Stundenaufbaus eine kurze Darstellung zum sachstrukturellen Entwicklungsstand.

3.1.2.3 Sachstruktureller Entwicklungsstand

Durch die gewöhnliche Einbeziehung von Fotos in allen Unterrichtsbereichen ist den SchülerInnen dieses Medium als Anschauungs- und Gestaltungsmittel vertraut und selbstverständlich geworden. Durch den häufigen Einsatz meines Fotoapparates während sich anbietender Unterrichtsinhalte/-vorhaben kennen alle SchülerInnen die Grundzüge des Umgangs mit dem Fotoapparat aus der Beobachtung.

Durch das Angebot des Klassen-Fotoapparates besteht darüber hinaus für alle SchülerInnen das Angebot häufiger Übungsmöglichkeiten im direkten Umgang mit dem Apparat, das von allen gerne wahrgenommen wird. Melanie, die einen eigenen Fotoapparat besitzt, wie auch Dilek unter Verwendung des Klassen-Fotoapparates fotografieren selbständig mit Interesse und recht zufriedenstellenden Ergebnissen. Allen SchülerInnen ist – neben dem deutlichen Interesse in diesem Bereich – der eigentliche Ablauf des Fotografierens durchaus bekannt. Sevilay kann im Umgang mit dem Fotoapperat auf erste Erfahrungen in vereinfachter Form aus ihrer Arbeit in der Unterstufe zurückgreifen.

Die bisher verwendeten Bezeichnungen zu den technisch notwendigen Bestandteilen während des Fotografierens bezogen sich bisher auf Umschreibungen entsprechend den Tätigkeiten, so daß fachspezifische Begriffe vorerst vermieden werden konnten. Den SchülerInnen sind die unterschiedlichen Übungsformen der Begriffserarbeitung aus der täglichen Unterrichtsarbeit vertraut. Sie sind es gewöhnt, Sprachinhalte unter Einbeziehung rhythmischer Momente zu erarbeiten (Klatschen/Rhythmusinstrumente).

Nurettin zeigt ein schnelles Auffassungsvermögen innerhalb technischer Aufgabenstellung, so auch im Umgang mit dem Fotoapparat. Seine hierbei gestische, durch Laute begleitete Ausdrucksfähigkeit wird innerhalb sprachlicher Übungen stets durch rhythmische (Klatschen, Stampfen) Momente einbezogen (Nurettin zeigt sprachlich nur geringe Ausdrucksmöglichkeiten).

Außer Dilek und Andreas, die unter speziell positiver Zuwendung in der Lage sind, einfache Sätze grammatisch richtig zu bilden, verwenden alle anderen SchülerInnen, bis auf Nurettin, Zwei- bis Drei-Wort-Sätze. Sevilay und Markus zeigen zwar im Umgang mit dem Fotoapparat ein gutes Aufgabenverständnis, benötigen aber im sprachlichen Bereich verstärkte Ermutigung und Impulsgebungen. Obwohl Dilek, Melanie und Andreas einen relativ großen, aktiven Wortschatz innerhalb der Spontansprache besitzen, beanspruchen sie während der Anforderungen in der Unterrichtssituation auflockernde, ermutigende Impulse, um ihr Sprachvermögen adäquat einsetzen zu können. Für Dilek und Melanie sind die entsprechenden Begriffe „Sucher" und „Auslöser" aufgrund ihrer erweiterten Erfahrungen mit dem Apparat bereits als Benennungsmöglichkeit bekannt (passiver Wortschatz); werden aber von ihnen gewöhnlich situationsspezifisch noch nicht angewendet.

3.1.3. Entscheidungen

3.1.3.1 Didaktische Reduktion

Mit dem Schwerpunkt der Begriffserarbeitung und -erweiterung tritt in dieser Stunde die Anleitung zur richtigen bzw. perfekten Bedienung des Apparates in den Hintergrund (Prinzip der Isolierung von Schwierigkeiten). Fachspezifische Begriffe von einigen wichtigen Bestandteilen (Sucher, Auslöser) des Apparates sind jedoch im Umgang mit dem Fotoapparat eine unerläßliche Voraussetzung für die Befolgung unmißverständlicher Anweisungen. Die vorläufige Reduktion auf die Erarbeitung der nur zwei genannten, für die einfachste Bedienung notwendigen Begriffe entspricht innerhalb dieser SchülerInnengruppe dem Prinzip der Lebensnähe (vgl. Josef 1970, S. 53).

Bei der Überlegung zum Bildausschnitt geht es hier noch nicht um gestalterische Momente, sondern zunächst um das bloße Fixieren des „gesuchten“, zu fotografierenden Objekts/Gegenstands. Der Begriff „Motiv“ wird vorerst nicht verwendet.

3.1.3.2 Stundenziel

Ziel der Stunde:
Die SchülerInnen sollen lernen, einige wichtige Bestandteile des Fotoapparates der Klasse richtig zu benennen (Sucher und Auslöser), indem sie
- diese Einzelteile an einer vergrößerten Attrappe sehen und berühren,
- sie am Realobjekt wiedererkennen und zeigen,
- sie als Bildkarten zuordnen und
- das Zusammenspiel und ihre Funktion anhand eines Liedes zum Ausdruck bringen.

Lernziel für Nurettin:
Nurettin soll zwei Bestandteile des Fotoapparates erkennen und dem gebräuchlichen Umgang nach unterscheiden, indem er
- den Sucher und Auslöser an dem Realobjekt/der Nachbildung abtastet und zeigt,
- den Umgang mit ihnen handlungsmäßig nachvollzieht (durchgucken und drücken),

– ihre Namen rhythmisch (durch Klatschen) zum Ausdruck bringt,
– sie als Bildelement erkennt und jeweils dem Realobjekt zuordnet und
– mit Hilfestellung gestisch und rhythmisch das Lied begleitet.

3.1.3.3 Begründung der Ziele und Inhalte

Da die SchülerInnengruppe der Geistigbehinderten insbesondere auf das Medium Bild angewiesen ist, bietet sich die Herstellung eigener Bilder geradezu an. Zudem werden die SchülerInnen ermutigt, sich aktiv und aufgeschlossen mit der Umwelt zu beschäftigen. Die Ergebnisse beleben und initiieren gleichzeitig die Korrespondenz zwischen Schule und Elternhaus und leiten neue Kommunikationsmöglichkeiten ein (s. UE). Das Thema soll weiterhin den eingeschränkten Umweltkenntnissen der SchülerInnen, dem Fehlen von Begriffen und der Einsicht in Handlungszusammenhänge Rechnung tragen.

In dem Wissen, daß Lernen nicht linear, sondern in drei qualitativen Sprüngen verläuft (vgl. Miesler/Bauer 1978, S. 156: „... an erster Stelle steht die handelnde Erfahrung in der Erarbeitung der neuen Informationen, darauf folgt die sprachliche Begleitung und Versprachlichung der Handlung, und letztlich findet der gedanklich mögliche Umgang mit der neu gewonnenen Information statt"), sollen mit dem spontanen Unterrichtsvorhaben die handelnd erworbenen Erfahrungen mit dem Fotoapparat, auf der Ebene beschreibender Tätigkeitsbegriffe versprachlicht, nun eine Begriffserweiterung durch die Erarbeitung der übergeordneten Fachbegriffe erfahren und somit auf einer neuen Erkenntnisebene neue konkrete Denkoperationen einleiten. Andernfalls würden die SchülerInnen auf der Erkenntnisebene des vorbegrifflichen Denkens verharren (vgl. Piaget).

In diesem Sinne und auf dem Hintergrund der bei den SchülerInnen unterschiedlich ausgeprägten, aber bestehenden Sprachbarrieren (s. sachstruktureller Entwicklungsstand) erhält die Spracherziehung in dieser Klasse einen besonderen Stellenwert.

3.1.3.2 Didaktisch-methodische Überlegungen

Die Stunde steht unter den methodischen Grundsätzen der „Anschaulichkeit, Konkretheit und Lustbetontheit". In dieser Weise, anknüpfend an die vorausgegangenen Übungen der UE, die primär unter sozialaffektiven Leitzielen standen, stehen hier die kognitiven Zielinhalte im

Vordergrund, die deshalb eine besondere Aufarbeitung unter oben genannten Grundsätzen erfordern.

Dic Hinführung zum Thema geschieht durch die Erweckung der Neugier der SchülerInnen (Prinzip der Affektivität). Mit der Nennung des Unterrichtsgegenstandes durch die SchülerInnen (kognitiver Impuls) wird das Realobjekt eingeführt (Explorationsphase).

Das Heraussuchen (Diskriminationslernen) der drei Fotoapparate soll die Konzentration auf den Gegenstand lenken sowie einen Anreiz aktiver Teilnahme für schwächere SchülerInnen darstellen (Nurettin). Während der sich anschließenden pragmatisch-kognitiven Übungen (Vergleichen, Zeigen, Anfassen, Benennen) sollen mit dem stärkeren Aufforderungscharakter durch den großen Modell-Apparat affektive Momente, wie auch das Prinzip des Grobsinnlichen, berücksichtigt werden. Von dem für die SchülerInnen attraktivsten Bestandteil, dem roten Auslöserknopf, ausgehend, werden die jeweiligen Versprachlichungen hierzu stets rhythmisiert gemeinsam nachgesprochen (rhythmisches Prinzip, gleichsam zur stärkeren Einbeziehung und Ermutigung sprachschwächerer SchülerInnen (Sevilay, Markus, Nurettin). Unter Berücksichtigung der geringen Belastbarkeit und der bestehenden Konzentrationsschwäche einiger Schüler (Nurettin, Andreas) soll die darauffolgende Erarbeitung in Spielform angeboten werden (motorische Entlastung). Gleichzeitig sollen die SchülerInnen Spontaneität entwickeln können.

Die damit deutliche Demonstration des „Suchens“, die durch die Lehrerin immer wieder kommentiert und als Impuls angeboten wird, macht den Begriff „Sucher“ leicht verständlich. Die zusammenfassende Wiederholung beider Begriffe anhand der veranschaulichenden Tätigkeit einer Schülerin (Melanie) entspricht dem Prinzip der Festigung. Als zusätzliches affektives Moment wird daran anknüpfend das Lied (s. Verlaufsplanung) mit einer bei den SchülerInnen sehr beliebten Melodie gesungen (Prinzip der psychodynamischen Entlastung).

Die daran anschließende Übung der Objektivierung, ausgehend von den Zuordnungsaufgaben am Tafelbild zu den Einzelübungen mit entsprechenden Arbeitsblättern, dienen der Festigung und bieten abschließend unter dem Prinzip der Selbsttätigkeit eine Veranschaulichung des Erlernten. Mit der Erweiterung durch Wortkarten für Dilek wird, ebenso wie an anderer Stelle mit Nurettin, die Notwendigkeit des Individualisierens berücksichtigt (s. Verlaufsplan).

Zum Abschluß dieser vorangegangenen konzentrierten Arbeitssequenz sollen die SchülerInnen das bereits bekannte Lied als einen gemeinsamen lustvollen Ausklang erleben.

Während der geplanten Partnerübung erhält die Mitarbeit der PU einen besonderen Stellenwert. Schwerpunkt ihrer Mitarbeit liegt in der entsprechend geplanten und besonderen Einbeziehung von Nurettin. In der Durchführungsphase wird die Einweisung in die Erarbeitung der Arbeitsblätter maßgeblich durch die PU erfolgen, im Sinne von Team-teaching.

In dieser Stunde kommt es für PU und Lehrerin in gleicher Weise darauf an, im Sinne von Konvivialität (Speck 1991, S. 201) durch sichtbares Mit-Erleben von Freude und Emotionalität die Arbeit der SchülerInnen zu einem Erlebnis werden zu lassen.

3.1.4. Sitzplan

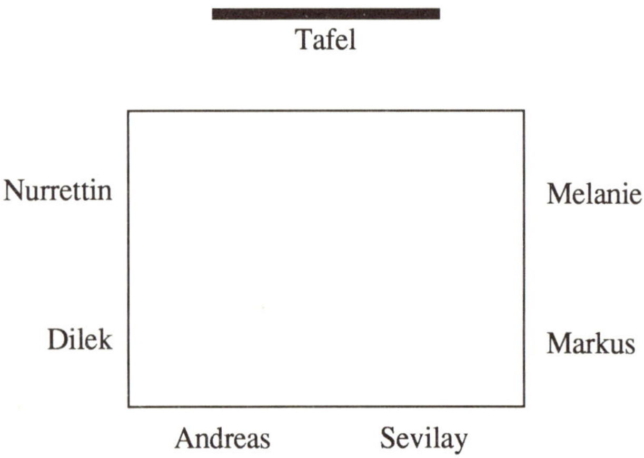

Liedtext:
Ja mit dem Sucher, da suche ich das Bild,
fotografieren ist ja nur halb so wild,
und der Auslöser, der macht so ..... (klick, klick, klick, klick)
(gestisch-akustisch imitierend)
Das macht mir Spaß, das mag ich gern, das macht mich froh!

(Nach der Melodie des Liedes: Ja, mein Zimmer, das ist ein Instrument, das ja ein jeder, ein jeder schätzt und kennt ...)

3.1.5 Literatur

Bergs, M.: Fotografieren im Unterricht. In: Lernen konkret – Unterricht mit Geistigbehinderten. Heft 1, Februar 1986

Heits/John: Unterrichtsarbeit an der Schule für Geistigbehinderte. Berlin 1980

Hinkel, H.: Lernbereich Fotografie. Düsseldorf 1974

Josef, K.: Lernen und Lernhilfe bei Geistigbehinderten. Berlin 1974

Jung, E., Krenzer, R.: Handbuch der Unterrichtspraxis mit Geistigbehinderten. Frankfurt/M. 1975

Miesler/Bauer: Neues Lernen mit Geistigbehinderten – Wir lernen denken. Würzburg 1978

Speck, O.: System Heilpädagogik – Eine ökologisch reflexive Grundlegung. München 1991

3.1.6 Anhang Beispiel Arbeitsblatt

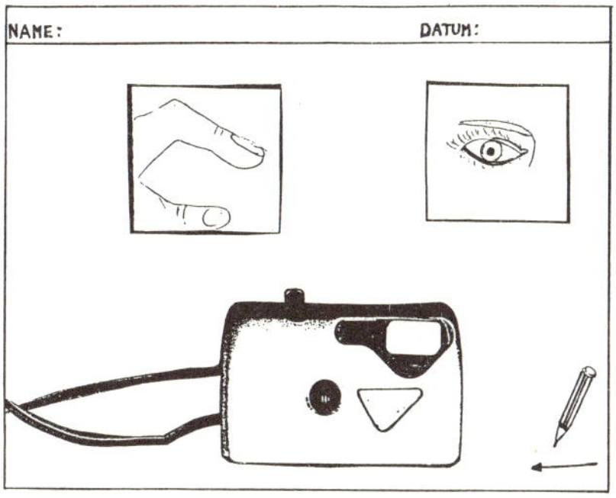

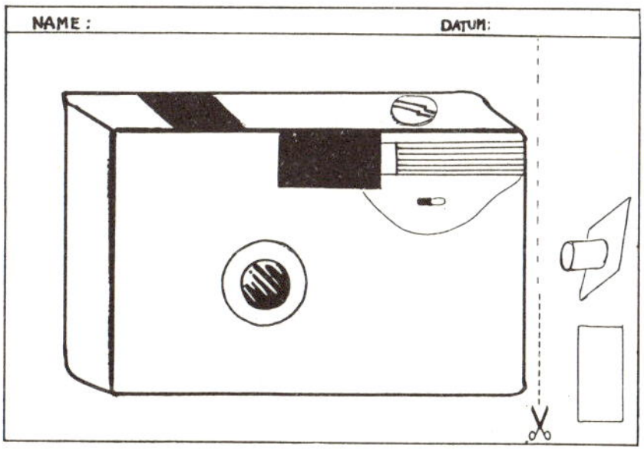

3.1.7 Verlaufsplanung

Phasen	Geplantes Lehrerverhalten	Erwartetes Schülerverhalten
Einstieg	L. fordert auf: „Seht genau her und sagt mir, was ich jetzt vormache." L. zeigt pantomimisch „fotografieren".	Sch. beobachten, erkennen und benennen „fotografieren".
	L.: „Was brauche ich dazu?" L.: „Nurettin, zeig uns einen Fotoapparat!"	Sch. denken nach / folgern: „Einen Fotoapparat"
Erarbeitung	L. deckt ein großes Tuch mit verschiedenen Gegenständen und drei Fotoapparaten auf dem Tisch auf, verteilt rote Blätter, gibt Anweisung: je zwei nebeneinander sitzende Sch. suchen sich Fotoapparat heraus. PU gibt Hilfestellung bei der PartnerInnen-Einteilung.	Sch. unterscheiden den Fotoapparat von anderen Gegenständen und nehmen einen der Apparate
	L. holt ein übergroßes Modell eines Fotoapparates: „Seht mal diesen Apparat an; wir wollen überprüfen, ob er dieselben Knöpfe hat wie Eure Fotoapparate."	Sch. beobachten und geben evtl. Spontanäußerungen
	L. zeigt auf roten Knopf: „Wie sieht dieser Knopf hier aus?"	Sch. benennen wahrscheinlich nach Farbe und Form sowie nach Tätigkeit (rot, rund, zum Drükken)
	L: „Findet Ihr so einen Knopf auch auf Eurem Apparat?" Fordert auf: „Zeigt ihn mal", „Drückt mal drauf", „Was habt ihr gehört?"	Sch. suchen und zeigen den Auslöser; drücken ihn herunter, benennen das Geräusch

Sozial- und Aktionsformen	Medien	Didaktisch-methodische Überlegungen
Gemeinsames Beobachten	Pantomimische Darstellung	Begriffsfindung über affektiv-spielerisches Moment und gedanklichen Nachvollzug der Tätigkeit
Artikulieren (gemeinsam und einzieln), zeigen	Realobjekt „Fotoapparat“	Nennung des Themas, Denkanstoß, kognitives Moment Prinzip des Individualisierens
Partnerarbeit	Fotoapparate und drei nicht zugehörige Gegenstände	Diskriminationslernen Einführung des Realobjektes
Vergleichende Beobachtung	Modell aus Karton	Affektives Moment und Prinzip des Grobsinnlichen
Artikulieren und unterscheiden	Teile des Modells	Schulung der Wahrnehmung Begriffsarbeitung Prinzip der kleinen Schritte
Tasten, untersuchen (einzeln und in Partnerarbeit)	Realobjekte und Modell	Transfer und Schulung der Beobachtung, motorisches Prinzip, vielsinniges Prinzip

Phasen	Geplantes Lehrerverhalten	Geplantes Schülerverhalten
	L. fordert auf: „Wir sprechen gemeinsam und klatschen 'Der Knopf ist rot, der Knopf ist rund, und er ist zum Drücken'." PU demonstriert dieses an dem Modellapparat,	Sch. sprechen und klatschen gemeinsam
	motorisch-gestisch gemeinsam mit Nurettin. L. fragt: „Wer kann denn sagen, wie dieser Knopf heißt, auf den wir beim Fotografieren drücken?"	Nurettin führt die entsprechenden Bewegungen vor. Einige Sch. nennen den Namen „Auslöser"
	L. läßt gemeinsam nachsprechen.	Sch. sprechen gemeinsam (laut und leise – flüstern)
	L.: „Wer kann die Öffnung zeigen, durch die man durchguckt?" L. erklärt und fordert zum Fotograf/Modell-Spiel auf, Dilek und Sevilay zeigen das Suchen vor der Gruppe.	Nurettin klatscht allein Sch. zeigen erst am Modell, dann am Realobjekt Sch. beobachten und sprechen das Wort „Suchen" jeweils mit
	L. gibt Denkanstoß: „Weil wir durch diese Öffnung das Bild suchen, heißt dieses Teil ..."	Sch. folgern und benennen richtig
	L. fordert auf, dieses als PartnerInnen-Übung nachzumachen.	Sch. suchen und benennen Bewegungen des Modells
	L. sammelt Fotoapparate ein und stimmt Lied an: „Ja, durch den Sucher, da suche ich das Bild ..." PU demonstriert es dazu mit Handbewegung	Sch. hören, beobachten und singen mit, klatschen

Sozial- und Aktionsformen	Medien	Didaktisch-methodische Überlegungen
Gemeinsames Sprechen	Rhythmisierung durch (körpereigenes) Klatschen	Einfache Satzbildungsübung Rhythmisches Prinzip Pantomimische Impulsgebung/ Unterstützung affektives Moment
Einzelarbeit		Prinzip der Individualisierung
		Kognitiver Impuls Begriffsfindung und Festigung
tasten, zeigen, untersuchen		Denkanstoß Motorisches Prinzip
Partnerspiel vor der Tafel, demonstrieren/ beobachten	Rollenspiel mit Realobjekt „Fotograf" „Modell"	Lernen durch Beobachtung Prinzip der Affektivität
Gemeinsames Sprechen		Denkanstoß, Begriffsfindung
Partnerarbeit	Rollenspiel (w.o.)	Sozial-affektiver Impuls Prinzip der Selbsttätigkeit und Festigung
Gemeinsames Singen, Sprechen und Darstellen	Gitarre, Lied zu den Begriffen Pantomimische Darstellung der Tätigkeiten „Suchen" und „Abdrücken"	Vertiefung Zusammenfassung unter psychodynamischer Entlastung affektives Prinzip musisch-rhythmisches Prinzip

Phasen	Geplantes Lehrerverhalten	Erwartetes Schülerverhalten
Durchführung	L. hängt mit PU Bild (großer Fotoapparat) an die Tafel. „Wer kann mir mal helfen, die fehlenden Teile an die richtige Stelle zu heften?“ L. legt Dilek zwei entsprechende Wortkarten hin, fordert auf, diese einzuheften.	Sch. ordnen Bildteile richtig zu: „Sucher“ und „Auslöser“
	PU verteilt Arbeitsblätter: „Was fehlt auf diesen Bildern?“	Sch. zeigen und benennen
	PU verteilt zweites Bild: „Schaut mal her, ob Ihr hier die fehlenden Teile wiederfindet (Sucher/Auslöser)!“	Sch. finden Teile zwischen drei anderen Gegenständen heraus
	PU verteilt Scheren und fordert auf auszuschneiden und an die richtige Stelle zu ordnen/kleben.	Sch. schneiden und kleben
Festigung	L. und PU stimmen abschließend vorhergehendes Lied (Gitarrenbegleitung) an und fordern Sch. auf, in Form und Bewegung, Singen und Klatschen mitzumachen.	Sch. singen, stellen Bewegung dar und klatschen dazu

Sozial- und Aktionsformen	**Medien**	**Didaktisch-methodische Überlegungen**
Tafelarbeit (Einzel- und Partnerarbeit)	Bild von Fotoapparat; Einzelteile: Sucher und Auslöser	Abstraktionsstufe Transfer Motorisches Prinzip
Zuordnen, anordnen		Prinzip des Individualisierens
Beobachtung	Arbeitsblätter	Vertiefung, Beobachtung Wahrnehmukngstraining Binnendifferenzierung
Einzelarbeit		Diskriminationslernen
	Scheren, Klebstoff Arbeitsblätter	Motorische Übung Prinzip des handelnden Lernens
Gemeinsames Singen	Gitarre, Lied Rhythmisierung Pantomimische Darstellung des Fotografierens	Lustvoller, affektiver Ausklang einschließlich Zusammenfassung der Lerninhalte

3.2 Anwendungsbeispiel 2: Unterrichtsbereich „Lesen und Schreiben“

Lektionsentwurf

Name:	Erika John
Klasse:	Unterstufe
Schüler:	2 Mädchen / 5 Jungen
Zeit:	10.15 – 11.00 Uhr

Unterrichtsbereich: Lesen und Schreiben / Zubereitung einfacher Speisen und Getränke

Projektthemen: I Naturerlebnisse im Herbst
II Meine Wohnung und ihre Umgebung

Gliederung

3.2.1. Angaben zur Unterrichtseinheit
3.2.1.1 Thema der Einheit
3.2.1.2 Bezug zum Rahmenplan
3.2.1.3 Aufbau der Unterrichtseinheit
3.2.1.4 Ziele der Unterrichtseinheit

3.2.2. Voraussetzungen
3.2.2.1 Sachdarstellung
3.2.2.2 Die Lerngruppe
3.2.2.3 Sachstruktureller Entwicklungsstand
3.2.2.4 Zur Klassensituation

3.2.3. Entscheidungen
3.2.3.1 Didaktische Reduktion
3.2.3.2 Stundenziel
3.2.3.3 Begründung der Ziele und Inhalte
3.2.3.4 Didaktisch-methodische Überlegungen

3.2.4 Literatur

3.2.5 Verlaufsplanung

3.2.6 Anhang

3.2.1 Angaben zur Unterrichtseinheit

3.2.1.1 Thema der Einheit

Speisen und Getränke zum Thema „Apfel“.
– Erarbeitung von Ganzwörtern mit Anlaut „A“ anhand von Rezepten zum Thema –

3.2.1.2 Bezug zum Rahmenplan

In den „Didaktischen Informationen zum Rahmenplan für die Schule für Geistigbehinderte“ (Berlin 1983/84) wird darauf hingewiesen, den SchülerInnen, „die zeigen, daß sie Fähigkeiten besitzen, die Anfänge des einfachen Textlesens zu erlernen ...“ (S. 131), grundlegende Kenntnisse im Bereich „Lesen und Schreiben“ zu vermitteln, um ihnen in ihrer Lebenswirklichkeit unter Einbeziehung des geschriebenen Wortes eine qualitativ wie auch quantitativ verbesserte Orientierung zu ermöglichen. Dabei stellt der Bereich des „Ganzwortlesens einen der genannten fünf Schwerpunkte innerhalb der Vorstufen des Textlesens dar: Situationslesen, Bilderlesen, Bildzeichenlesen, Signalwortlesen, Ganzwortlesen“. (S. 137)

3.2.1.3 Aufbau der Unterrichtseinheit

1. Std.: Wir kaufen am Obststand Äpfel
– Einzelübungen mit Bild-Wortkarten „Apfel“, Erarbeitung des Ganzwortes –

2. Std.: Apfel im Schoko-Mantel
– Vielsinnige Erarbeitung von „A“ als Anlaut von „Apfel“ und Festigung des Wortbildes anhand eines einfachen Rezeptes (s.o.) –

3. Std.: Ali mag Apfelsaft
– Festigung von „A“ als Anlaut durch Hinzunahme der Wortbilder „Ali“ und „Apfel-Saft“, Erarbeitung des Rezeptes „Apfel-Saft“ –

4. Std.: Ali mag Apfel-Mus
– Rezepterarbeitung auf abstrakterer Niveaustufe unter überwiegend selbständiger Zuordnung erarbeiteter Wortkarten zu Abbildungen –

3.2.1.4 *Ziele der Unterrichtseinheit*

Kognitiv:
- Diskriminationshilfen für das Ganzwortlesen
- Erweiterung des passiven und aktiven Wortschatzes
- Buchstaben als Bausteine von Wörtern erfassen
- Verbindung von Graphem und Phonem erkennen
- Unterscheiden von Buchstaben
- Verbesserung der Sprachbereitschaft

Psycho-motorisch:
- Differenzierung der Sinneswahrnehmung
- Verbesserung der Artikulationsfähigkeit
- Verbesserung des Formempfindens (Lautgebärde)
- Verbesserung der visio-motorischen Fähigkeiten
- Verbesserung der Wahrnehmungstüchtigkeit
- Erweiterung lebenspraktischer Fertigkeiten

Sozial-affektiv:
- Verbesserung der Umweltorientierung
- Verbesserung der Interaktionsfähigkeit
- Steigerung des Selbstwertgefühls
- Verbesserung der sozialen Struktur der Gruppe
- Erweiterung der Handlungskompetenz und integrativen Voraussetzungen

3.2.2. *Voraussetzungen für die Lektionsstunde*

3.2.2.1 *Sachdarstellung*

Im Verhältnis von Sprache und Schrift wird Sprache in der Regel als Primär-, Schrift als Sekundärsystem bezeichnet. Sie sind zwar aufeinander bezogen, aber nicht identisch. Ihre strukturelle Unterschiedlichkeit begründet eine wesentliche Schwierigkeit beim Prozeß des Lesen- und Schreibenlernens. So z.B. produzieren wir beim Sprechen viel mehr unterschiedliche Laute (Phone), als es Buchstaben gibt (der Buchstabe E steht sowohl für ein langes als auch für ein offenes, kurzes E).

Buchstaben bilden somit keine Phone, sondern zu Lautklassen zusammengefaßte Phone – „Phoneme" – ab. „Schreibe, wie du sprichst" ist sachlich nicht möglich. Die heute verwendeten „Buchstaben" wurden 1941 als „Deutsche Normschrift" eingeführt. Die empfohlene Verwendung von Großantiqua (vgl. Berliner Rahmenplan) beim Lesen und Schreiben mit Geistigbehinderten reduziert die Buchstaben auf Kombinationen weniger Grundelemente der „Krummen" und der „Geraden" (vgl. Tabelle nach Topsch, 1979). Der vereinfachte Aufbau der Großbuchstaben kann allerdings zu Verwechslungen und Vertauschungen führen. Von verschiedenen Autoren wird auf die Verwendung der optisch strukturierteren Gemischtantiqua hingewiesen (Dank, Haug). Letztere empfiehlt für den Leselernprozeß die Gemischtantiqua, für das Schreiben dagegen die Verwendung der Großantiqua (s. methodisches Aufbauprogramm). Lange/Neumann weisen auf neuere Untersuchungen hin, nach denen – entgegen der früheren „Wortbildtheorie" (Schablonenbildung im Langzeitgedächtnis) – beim Erfassen einzelner Buchstaben und Wörter „Merkmale" analysiert werden (Beispiel: „B" = senkrechter Strich plus zwei Halbkreise). Somit ist es möglich, verschiedene Schriften zu lesen (Druck-Schreibschrift etc.). Für die Didaktik bedeutet dies: Es ist ein besonderes Gewicht auf die Merkmalerfassung von Buchstaben und Wörtern zu legen.

Das Ganzwortlesen, als Vorstufe zum analytisch-synthetischen Lesen, steht für ein naiv-ganzheitliches Lesen, wobei das Wort als Wortbild ganzheitlich in Orientierung an bestimmten Merkmalen erfaßt wird.

Die bestimmenden Artikulationselemente der deutschen Sprache sind die Vokale; sie prägen in ihrer Häufigkeit das Schriftbild und können daher eine optische und akustische Gliederungshilfe darstellen.

Der Vokal „A" in Großantiqua besteht aus Geraden und hat eine entsprechend eindeutige Form. Lautsprachlich kann er hinten lang oder vorne kurz gebildet werden. Mund und Lippen werden dabei weit geöffnet.

Phonomimische Zeichen (Lautgebärden) für den Erwerb von Schriftzeichen/Buchstaben „setzen an die Stelle der nur auditiv wahrzunehmenden Sprache eine Folge visuell wahrnehmbarer Zeichen" (Topsch, S. 138). Sie aktivieren mehrere Sinnesbereiche (Optik, Akustik) unter Einbeziehung großmotorischer Bewegungen (großmotorische Systeme von Radigk „Phonomimische Zeichen", Bleidick/Kraft: „Lautgebärden") bzw. Handzeichen kleinmotorischer Systeme (vgl. Kossow oder Boehncke/Humburg 1980 in: Blumenstock 1989, S. 96 ff.). Somit sind Lautgebärden „eine motorische Leistung wie die Sprache, aber sie sind visuell wahrnehmbar wie die Schrift" (Topsch 1979, S. 139).

3.2.2.2 Die Lerngruppe

Möglichkeiten der Vorgehensweisen – siehe hierzu Kapitel II; ebenso zur Beschreibung der Klassensituation. Ein weiteres Beispiel stellt die Form einer tabellarischen Vorgehensweise dar (s. Anhang).

3.2.2.3 Sachstruktureller Entwicklungsstand

Der eigene Vorname wird von allen SchülerInnen als Ganzwort in Großantiqua erkannt. Sven erkennt seinen Vornamen mit Unterstützung durch ein Bildsymbol. In Verbindung mit dem Projektthema II (s. Gliederung) werden kontinuierlich vielsinnige Übungen zu den Adressen (Ganzwortlesen) angeboten.

Der erarbeitete Grundwortschatz besteht aus Ganzwörtern, die dem aktiven Wortschatz des Projektthemas entsprechen und die Bedeutsamkeit für die sprachliche Kommunikation besitzen. Im Projektthema I sind dieses Bezeichnungen von Obst- und Gemüsearten (Tomate, Kartoffel, Birne, Apfel).

Im synthetischen Leselernverfahren wurden bisher die Buchstaben O, U, I, B, A, K im Zusammenhang mit Ganzwörtern anhand der Projektthemen und den Vornamen der SchülerInnen gemäß ihrer Prägnanz gelernt. Benutzte großmotorische Lautgebärden (in Anlehnung an die Systeme von Bleidick/Kraft und Radigk) sind für alle SchülerInnen selbstverständlich geworden und gelten in der Lerngruppe als „Geheimsprache".

Die Raumorientierung (rechts, links) ist bei den meisten SchülerInnen unsicher und erschwert die Schreibrichtung von links nach rechts. Sevilay und Sven benötigen besondere Hilfestellung aufgrund der spastischen Bewegungsstörung ihrer Handmotorik. Sven imitiert bei Artikulationsübungen die Mundbewegung, hat aber Mühe bei der Lautbildung. Dilek, als leistungsstärkste Schülerin, nimmt einmal in der Woche an der Lese-Schreib-AG außerhalb des Klassenverbandes teil. Die SchülerInnen sind es gewöhnt, produktorientiert auf praktische Ergebnisse hin zu arbeiten (s. Aufbau der UE), entsprechend zeigen sie eine erfreuliche Motivation.

Im Bereich des Signalwortlesens sind den SchülerInnen einige für ihre Lebensumwelt bedeutsame Wörter zum Thema Behörden und öffentliche Einrichtungen bekannt. Ebenso kennen sie bereits einige Bildzeichen zu öffentlichen Verkehrsmitteln, aus lebenspraktischen Bereichen und zu Themen der Selbstversorgung.

Der Bereich des Bilderlesens gehört zu den täglich wiederkehrenden Übungen (Stundenplan ordnen, Ämterplan, Arbeitsanweisungen in Bildform). Eingekleidet in funktionale Sinnbezüge des täglichen Lebens erhalten die SchülerInnen kontinuierliche Übungsangebote innerhalb der genannten Vorstufen zum Textlesen als ein für alle SchülerInnen gleichermaßen basales Übungsangebot.

3.2.3. Entscheidungen

3.2.3.1 Didaktische Reduktion

Ich beziehe mich ausschließlich auf die empfohlene Verwendung von Großantiqua (vgl. 2.1). Schriftbilder in Großantiqua kommen meines Wissens am häufigsten in der Öffentlichkeit und im Bereich des Signalwortlesens vor (vgl. Kapitcke 1976). Das den Lesevorgang des Ganzwortlesens unterstützende Schreiben wird durch die großräumige, reduzierte Form von Großbuchstaben erleichtert (Gerade und Rundungen). Die verwendeten Lautgebärden werden, bezogen auf das Wahrnehmungs- und Bewegungsvermögen der SchülerInnen, vereinfacht bzw. prägnanter gestaltet. Ich beziehe mich auf das großmotorische System von Bleidick/ Kraft. Ein Vokal wird zunächst als Anlaut erarbeitet, um die Schwierigkeit der Diskrimination zu erleichtern. Hierbei wird nicht auf die Unterschiede eines lang oder kurz gesprochenen Vokals eingegangen.

3.2.3.2 Stundenziel

Die SchülerInnen sollen den Buchstaben „A“ erkennen und festigen, indem sie

- ihn anhand des Graphems artikulieren und bewegungsmäßig visualisieren (Lautgebärde),
- das A in zwei neu hinzukommenden Wortbildern (Ali, Apfelsaft) als Anlaut erkennen,
- das Graphem großflächig mit Kreide nachfahren können und
- das A als Anlaut im Text eines Bild-Wort-Rezeptes in o.g. Ganzworten wiedererkennen, selbständig schreiben (Dilek), drucken (Sven) bzw. nachschreiben (die übrigen SchülerInnen).

3.2.3.3 Begründung der Ziele und Inhalte

Wegen der nicht aufgeführten Beschreibung der Lerngruppe kann hier nur unter dem Aspekt von Entwicklungs- und Bedürfnisorientierung an den sachstrukturellen Entwicklungsstand angeknüpft werden. Durch Einbindung in ganzheitliche Zusammenhänge eines projektorientierten Unterrichts mit thematisch lebenspraktischen Inhalten werden hier nicht „Teilfunktionen" trainiert, sondern die Übungen sind eingebettet in bedürfnisorientierte, lebensbedeutsame Handlungsstrukturen (vgl. Themenverknüpfung von UE und Projektthema). Neben dem Signal- und Ganzwortlesen wird es wichtig, Laute und Buchstaben als Grundelemente von Schrift und Sprache, als Diskriminationshilfe im Zusammenhang mit ganzheitlichen Verfahren anzubieten (vgl. Merkmalerfassung von Buchstaben, 3.2.2.1). Die verbesserte Wahrnehmung optischer Formen (Grapheme) unterstützt als Gliederungshilfe das Erkennen eines ganzen Wortes (Ganzwortlesen). „Durchgliederung kann als zentraler Begriff des Lesens angesprochen werden." (Bleidick 1972, in: Topsch, S. 26)

Obwohl in dieser Klasse voraussichtlich nur wenige SchülerInnen das sinnentnehmende Lesen lernen werden, stellt doch die Kenntnis von Buchstaben eine grundlegende Orientierungshilfe dar und fördert die Motivation für das Erfassen bzw. „Erlernen" unbekannter Wörter.

Der Wunsch vieler SchülerInnen, sich schriftlich mitteilen zu können, wird deutlich an den häufigen Beispielen von „Mitteilungen" in Phantasieschrift, durch Briefe an MitschülerInnen in Bildzeichen und in Schriftversuchen.

Die Auswahl des Namens „Ali" berücksichtigt nach dem Prinzip der Affektivität die besondere Freundschaft der SchülerInnen zu einem Mitschüler der Nachbarklasse. Durch die Herstellung von Speisen und Getränken werden die SchülerInnen in besonderer Weise motiviert, desgleichen durch die Einbeziehung und Erarbeitung von Bild-Wort-Rezepten. Die Auswahl des Getränkes entspricht einerseits ihrer besonderen Vorliebe für „Apfelsaft", andererseits fordert die Herstellung einen nur geringen Aufwand und gewährleistet Überschaubarkeit. Diese Überlegungen stellen u.a. auch für die anderen Stunden der UE leitgebende Aspekte dar.

Obwohl der Berliner Rahmenplan das Ganzwortlesen für die Unterstufe nicht vorsieht (hier wird lediglich das Bilderlesen empfohlen), halte ich eine Verzögerung genannter Angebote für unbegründet. Ein künstliches Zurückhalten hieße zudem, Lernchancen zu verpassen. Eine mißverstandene Übergewichtung der Kulturtechniken ohne Sinnbezug für den/die SchülerIn würde sich dagegen für alle Schulstufen verhängnisvoll auswirken.

Das Einprägen, deutliche Artikulieren und Fixieren von Ganzworten und einzelnen Buchstaben als Gliederungshilfe ist im Rahmen dieser Einheit als Teil der Verselbständigung im lebenspraktischen Unterricht anzusehen. Gleichzeitig stellen die Übungsinhalte eine Vorbereitung auf weiterführende Lernprozesse im Umgang mit den Kulturtechniken dar.

3.2.3.4 Didaktisch-methodische Überlegungen

Gemäß dem Prinzip der Festigung, Übung und Gewöhnung findet der Einstieg in das Arbeitsvorhaben in Form einer Wiederholung vorhergehend erarbeiteter Inhalte statt (Lautgebärde „A" – Ganzwort „Apfel"). Der durch Sven initiierte Einstieg entspricht dem Prinzip des Individualisierens, stärkt aber gleichzeitig auch sein Selbstwertgefühl.

Als affektiver Stimulus wird in der Erarbeitungsphase das Foto von Ali verwendet. Die Hinführung zum Thema erfolgt dann über die Verbindung bereits bekannter mit neuen Inhalten unter Berücksichtigung des motorischen Prinzips (Zuordnen zum Tafelbild, Schülertätigkeit an der Tafel). Die besondere Aufgabenstellung der Pädagogischen Mitarbeiterin besteht in der bewußten Unterstützung der Wahrnehmungsübungen und Handlungsaufgaben von Sven. Auf der Grundlage basaler Tätigkeiten (Fühlen, Abtasten, zielgerichtetes Zeigen auf den Gegenstand, Nachfahren von Formen, visuelles Verfolgen von Handlungen) wird Sven in den Arbeitsprozeß intensiv einbezogen. Mit der Auswahl und der Gestaltung der Medien (Realobjekt, vergrößerte Wortbilder, großformatige Formen, Differenzierung der Arbeitsblätter „Rezepte") werden alle Lernniveaus berücksichtigt.

Ein besonders intensiver Sprachanteil ist für Dilek und Sevilay aufgrund der erschwerenden Zweisprachigkeit und für SchülerInnen mit besonderen Sprachschwierigkeiten (Sven und Michael) in der ersten Erarbeitungsphase (Einführung der Ganzworte) vorgesehen. Die Lehrersprache soll durchgehend mit deutlicher Gestik und veranschaulichenden Bewegungen unterstützt werden (Verdeutlichung für Sven).

Die zunächst großmotorische Übung zur Gestalterfassung des Graphems (Nachfahren der Hohlform) entspricht dem motorischen wie auch dem grobsinnlichen Prinzip und leitet über zu den feinmotorischen Schreib-, Druck- und Nachmalübungen des Graphems in der Durchführungsphase.

Die Berücksichtigung der Verbindung von Bildzeichen bzw. Bildelementen in Verbindung mit dem eigentlichen Ganzwort-Text motiviert die SchülerInnen. Zugleich wird damit dem Prinzip der Isolierung von Schwierigkeiten entsprochen.

Die abschließende Zusammenstellung der Arbeitsmittel für das Rezept durch die SchülerInnen führt zur Vertiefung und Kontrolle ebenso wie die Orientierung auf die praktische Durchführung der - motivierenden – Apfelsaftherstellung im Anschluß an diese Stunde.

Zentrale Aspekte der Stunde bilden die Hilfeleistung und Kooperation der SchülerInnen untereinander (Förderung des Sozialverhaltens), die sich zunehmend entwickelnde Selbsttätigkeit aller SchülerInnen und eine durchgängige Handlungsorientierung.

3.2.4 Literatur

Blumenstock, L.: Handbuch der Leseübungen. Vorschläge und Materialien zur Gestaltung des Erstleseunterrichts mit Schwerpunkt im sprachlich-akustischen Bereich. Beltz-praxis-Verlag 1989

Böhm, Kornmann: Lesen und Schreiben in der Sonderschule. Vorschläge und Erfahrungen aus der Sonderschule für Lernbehinderte. Beltz Verlag 1983

Dank, S.: Geistigbehinderte lernen ihren Namen lesen und schreiben. Dortmund 1988

Haug, Ch., Keuchel, B.: Lesen, Schreiben und Rechnen mit geistig Behinderten. Handbuch zur Didaktik der Kulturtechniken. Diesterweg 1984

Kapietzke, E.: Signalunterricht. Braunschweig 1976

Lange/Neumann: Taschenbuch des Deutschunterrichts. Bd. 1. Hohengehren 1990

Lernen konkret. Lesen und Schreiben mit Geistigbehinderten. Lernen mit Geistigbehinderte (Stufenlehrgang). Dürr-Verlag

Mann, I.: Lernen können ja alle Leute. Lesen-, Rechnen-, Schreibenlernen mit der Tätigkeitstheorie. Beltz, Grüne Reihe, 1992

Nehr, Birnkott-Rixius: In zwei Sprachen lesen lernen – geht denn das? Erfahrungsbericht über die zweisprachige koordinierte Alphabetisierung. Beltz Verlag 1988

Pieler, M.: Materialien für den Anfangsunterricht. PZ 1987

Probst, Wacker: Lesenlernen. Ein Konzept füralle. Oberbiel 1986

Regelein, S.: Lernspiele im Deutschunterricht. Neue Lernspiele für die Grundschule. München 1990

Rütimann, H.: Die Lesestadt. Spiele, die auf der Hand liegen. Zytglogge Werkbuch 1989

Senator für Schulwesen, Jugend und Sport (Hrsg.): Didaktische Informationen zum Rahmenplan für die Schule für Geistigbehinderte. Berlin

Topisch: Lesenlernen / Erstleseunterricht. Bochum 1979

3.2.5 Verlaufsplanung

Phasen	Geplantes Lehrerverhalten	Erwartetes Schülerverhalten
Einstieg ca. 5 Min.	L. läßt Sven einen Apfel ertasten. L. fragt: Wo seht ihr auf diesem Obstkorb einen Apfel? Läßt das Wortbild zuordnen. Fragt: Wer kennt noch unsere Geheimsprache für ... (zeigt auf den Anlaut)?	Sch. benennen: „Das ist ein Apfel". Sch. zeigen und heften Bild-Element an die Tafel, ordnen Wortkarten zu. Sch. sprechen den Laut und zeigen die Lautgebärde.
Erarbeitung (I)	L. zeigt Bild mit Wortbild von „Ali" und läßt es zum Tafelbild zuordnen. Zeigt und spricht „Ali mag den Apfel" (heftet das „mag" zwischen „Ali" und „Apfel"). L. holt eine (leere) Apfelsaftflasche und erklärt: „Ali" mag noch etwas sehr gern ...	Sch. nennen den Namen und ordnen ihn zum Apfel. Einige Sch. sprechen mit. Sch. erkennen und artikulieren „Apfelsaft"
	Wer von Euch mag auch gern Apfelsaft? L. läßt ein großes Etikett mit dem Wort „Apfelsaft" zum Tafelbild heften.	Alle Sch. äußern Zustimmung Sch. suchen aus unterschiedlichen Etikettenaufschriften das Richtige heraus
	L.: Wie muß es jetzt heißen? (zeigt in Leserichtung und wechselt Wortkarten aus). L. erklärt das Vorhaben: „Wir wollen heute Apfelsaft herstellen und in diese Flaschen füllen und probieren." L. unterstützt mit deutlicher Gestik und Gebärde die Themennennung.	Sch. finden heraus: „Ali mag Apfelsaft" Sch. zeigt – die anderen lesen laut den Bild-Wort-Satz Sch. hören und beobachten

Sozial- und Aktionsformen	Medien	Didaktisch-methodische Überlegungen
tasten	Realobjekt	Erweckung der Neugierdc
artikulieren		Taktile Erfahrung für basales
zeigen	Bildelement	Lernniveau
ordnen zu		Diskrimination,
zeigen Bewegung	Wortkarte	Veranschaulichung
(Einzel- und Gesamtgruppe)		Wiederholung und Festigung
		Verdeutlichung und Festigung
artikulieren	Bild und Wort	Affekt. Bezug
ordnen zu	Tafelbild	motorisches Prinzip
		Hinführung zum Satz
		Bild- und Ganzwortlesen
		Binnendifferenzierung
		Verinnerlichung durch eigenes Sprechen
		Denkanstoß
		Veranschaulichung
suchen heraus	unterschiedliche Etiketten	Diskriminationslernen
		Kontrolle und Festigung
artikulieren gemeinsam	Tafelbild	Selbsttätigkeit, Festigung
		Verdeutlichung für basales Lernniveau

Phasen	Geplantes Lehrerverhalten	Erwartetes Schülerverhalten
Erarbeitung (II)	L: Womit beginnen „Ali“ und „Apfelsaft“ (fordert Sch. auf zu zeigen).	Sch. zeigen an der Tafel und artikulieren „A“
	Wo seht ihr noch ein „A“?	Sch. zeigen und sprechen den Anlaut.
5 Min.	Wer kann das „A“ ganz groß darunter malen? L. läßt mit bunter Kreide einige Sch. die Hohlform nachfahren	Sch. malen mit bunter Kreide
Durchführung	L. zeigt Arbeitsanweisung für das Vorhaben: „Hier auf dem Apfelsaft-Rezept findet ihr die Wörter Ali und Apfelsaft wieder (verteilt Blätter).	Sch. finden bekannte Wörter mit „A“ als Anlaut.
	Zeigt sie auf eurem Rezept.“ L. läßt Sch. die Reihenfolge der Arbeitsschritte erklären.	Sch. suchen und zeigen Artikulieren jeweils
	L. fordert auf, in den Wörtern das „A“ am Anfang rot nachzumalen bzw. fehlende Lückenwörter zu ergänzen (gibt evtl. Hilfestellung).	Sch. verbinden jeweils Wörter mit Bildern und artikulieren den Bild-Wort-Text
	L. regt schnellere Sch. an, Bilder zwischen den Worten auszumalen.	Sch. verstehen Aufgabe
10. Min.		Sch. schreiben das „A“ in rot nach bzw. fügen den Anlaut hinzu

Sozial- und Akttionsformen	Medien	Didaktisch-methodische Überlegungen
einzeln an Tafel	Tafelbild	motorisches Prinzip, kognitiver Impuls, Graphem-Phonem-Bezug
zeigen		Kontrolle und Transfer Diskrimination Motorisches Prinzip
nachfahren		Festlegung des Graphems
einzeln an Tafel		Wiederholung in neuen Zusammenhängen Selbstwertgefühl
Einzeln und mit Partnerhilfe	Arbeitsblatt „Rezept"	Umsetzung in lebenspraktische und funktionale Zusammenhänge; neue Abstraktionsstufe; Partnerhilfe als Förderung des Sozialverhaltens
ordnen		Diskrimination Sprachliche Übung Bild- und Ganzwortlesen Binnendifferenzierung wird berücksichtigt; evtl. an der Tafel ein Beispiel vormachen Binnendifferenzierung Festigung und Konzentration Individualisierung,
malen, schreiben fahren nach	rote Bund- und Filzstifte, Druckkasten (für nichtschreibende Sch.)	motorische Übung, Einbeziehung aller Sch. Selbstwertgefühl

Phasen	Geplantes Lehrerverhalten	Erwartetes Schülerverhalten
Festigung und Transfer	L. läßt benennen, was Ali tun muß und was er dazu braucht.	Sch. benennen bzw. finden anhand des Rezeptes heraus.
	Gibt Sch. den Auftrag, die entsprechenden Arbeitsmittel herbeizuholen.	Sch. holen die entsprechenden Realobjekte und stellen sie auf den nebenstehenden Arbeitstisch
	L. läßt Rezepte in die Klarsichthüllen der Kochmappen ordnen und zur Orientierung auf den Nebentisch legen. Gibt Hinweis, daß nach kurzer	Sch. ordnen in Mappen und legen sie übersichtlich auf Nebentisch.
	Pause mit der Herstellung des „Apfelsafts" begonnen wird. Lobt Sch. hinsichtlich ihrer guten Vorbereitung.	Sch. freuen sich auf die Saftherstellung

Sozial- und Aktionsformen	**Medien**	**Didaktisch-methodische Überlegungen**
beschreiben	Streubilder im „Rczcpt“	Begriffsfestigung, Isolierung von Schwierigkeiten
orientieren sich	Realobjekte Saftpresse, Messer Durchschlag Litermaß Kochmappen	Orientierung im Raum Realitätsbezug, lebenspraktische Bedeutung, motorisches Prinzip, Selbsttätigkeit Kontrolle und Begriffsfestigung Ordnungsprinzip Selbstwertgefühl (Anknüpfungsmöglichkeit für Eltern)
		Bestätigung und positiver Abschluß dieser Phase

3.2.6 Anhang – Beispiel einer tabellarischen Schülerbeschreibung in Kurzfassung

Name Geburtsdatum Testergebnisse Schullaufbahn	Familiensituation	Medizin. Diagnose, Besonderheiten	Kognition
Elif 2.5. TBGB 198 CMM: BM;CM: PPVT: BA: KP: LOS: 2 Jahre zurückgestellt, 1982 eingeschult.	Vollfamilie, zweites von vier Kindern. Vater: Zimmermann, Mutter: Hausfrau. Staatsangehörigkeit: türkisch	Geistige Behinderung mit unklarer Diagnose. Hospoitalismusanzeichen: Drehbewegungen, Sprachstörungen (stottern, Brillenträger)	Aufgabenverständnis an konkrete Situationen gebunden. Imitationslernen. Versteht einfache Zusammenhänge. Merkfähigkeit innerhalb einfacher Sachbezüge. Begrenzter passiver Wortschatz. Zahlenreihe: bis 5 Buchstaben: A, I, M, E, O, U. Signalwort- und Ganzwortlesen.
Michael 3.6.1981 TBGB 1989 CMM: BM;CM: PPVT: BA: KP: LOS: Besuch eines Sonderkindergartens. 1 Jahr zurückgestellt	Jüngster von vier Kindern. Vollfamilie. Vater: Arbeiter, Mutter: Hausfrau.	Geistige Behinderung infolge Down-Syndrom. Bindegewebs- und Haltungsschwäche.	Gutes Aufgabenverständnis. Imitationslernen. Gutes Begriffsverständnis. Kann einfache Zusammenhänge schnell erfassen. Zahlrenreihe: bis 3. Buchstaben: A, I, O, U, M werden wiedererkannt. Signalwort- und Ganzwortlesen.

Sprachverhalten	Sozialverhalten	Arbeitsverhalten Motivation	Motorik
Passiver Spracheinsatz; benötigt Ermutigung. Sprechhemmungen in Übungssituationen. Redeabsichten werden durch Intonation angedeutet. Spontansprache in unbeobachteten Situationen sehr viel aktiver.	Fröhliche Grundstimmung. Kann Interessen gegenüber Mitschülern deutlich zum Ausdruck bringen. Hilft gern anderen Mitschülern. Verhält sich kooperativ in Spielsituationen. Fühlt sich verantwortlich für täglich wiederkehrende Arbeitsaufgaben in der Klasse.	Gute Konzentrationshaltung bei allen Aufgabenstellungen. Motivation gegenüber allem Neuen. Besonderes Engagement in musisch-rhythmischen Bereichen und in der Bewegungserziehung	Großer Bewegungsdrang. Grob- und feinmotorisch sehr geschickt. Freude an Übungen des Schwimmunterrichts. Gutes Koordinationsvermögen. Selbständig bei allen motorischen Anforderungen der Selbstversorgung.
Sprechfreudig. Gutes Verständigungsvermögen. Ahmt gern den Tonfall Erwachsener nach. Deutliche Aussprache. Ausreichender aktiver Wortschatz	Aktive Kontaktaufnahme. Ausgeglichene Grundstimmung. Übernimmt gern Helferpositionen. Erfaßt sehr schnell Haltungen und Stimmungen anderer. Kann seine Interessen angemessen einbringen und durchsetzen.	Schnell abgelenkt. Gute und angemessene Konzentrationsdauer. Durchgehende Motivationshaltung. Ermüdet schnell im Bereich motorischer Aufgabenstellungen.	Nur kurzzeitig belastbar bei Übungen der Bewegungserziehung. Freude am Schwimmunterricht. Zeigt hier viel Ausdauer. Extreme Beweglichkeit der Glieder. Freude an Darstellendem Spiel. Selbständigkeit in allen Bereichen der Selbstversorgung.

(Beispiel für Bild – Wort – Rezept)

3.3 Anwendungsbeispiel 3: Unterrichtsbereich „Bildnerisches Gestalten"

Lektionsentwurf

Name:	Erika John
Klasse:	Oberstufe
Schüler:	3 Mädchen / 5 Jungen
Zeit:	11.00 – 11.45 Uhr

Unterrichtsbereich: Bildnerisches Gestalten (Umgang mit Farben und Formen)

Projektthemen: I Einkaufen
II Wohnen

Gliederung

3.3.1 Angaben zur Unterrichtseinheit

3.3.1.1 Thema der Einheit

Gestaltender Umgang mit Natur- und Verpackungsmaterialien (Materialcollagen).

3.3.1.2 Bezug zum Rahmenplan

In den „Didaktischen Informationen zum Rahmenplan für die Schule für Geistigbehinderte" wird im Zusammenhang mit dem Bereich des Bildnerischen Gestaltens (Umgang mit Farben und Formen) auf die „Sinnesschulung", die „Ausbildung motorischer Fertigkeiten" und die „Spracherziehung" hingewiesen. „Form und Farbe und Beschaffenheit von Gegenständen sollen über möglichst viele Sinne und in ihrer mannigfaltigen Verwendungsmöglichkeit bewußt gemacht werden" (ebd., S. 115). Der „Umgang mit unterschiedlichen Materialien und Werkzeugen" und die mit allen Tätigkeiten verbundene Erweiterung des Sprachschatzes werden genannt. Für die Oberstufe wird als Lernziel die Gestaltung von Flächen angegeben (ebd., S. 121).

3.3.1.3 Aufbau der Unterrichtseinheit

1. Std.: Anordnen von Schachteln und Verpackungsmaterialien zu „Straße mit Häusern" (Verbindung zum Projektthema „Wohnen")
2. Std.: Anordnen und Aufkleben von Flaschenverschlüssen und Korken zu „Ornamenten"
3. Std.: Anordnen und Aufkleben von Nuß- und Kiwischalen: „Raupen und Käfer"
4. Std.: Anordnen der Schalen von Zitrusfrüchten und Bananen zu „Obstkorb mit Äpfeln"

3.3.1.4 Ziele der Unterrichtseinheit

Kognitiv:
- Reduzierung von Sprachbarrieren und Vergrößerung des Wortbestandes
- Erkennen von Verfremdungs- und Gestaltungsmöglichkeiten

Psycho-
motorisch:
- Verbesserung der visuo-motorischen Fähigkeiten und der Konzentration
- Verbesserung der Wahrnehmungstüchtigkeit
- Erfassen von Ordnungsprinzipien wie oben, unten, Mitte, seitlich
- Verbesserung lebenspraktischer Fertigkeiten
- Verbesserung der Formwahrnehmung
- Verbesserung der Feinmotorik
- Förderung der Kreativität und der Darstellungstüchtigkeit

Sozial-
affektiv:
- Förderung des Sozialverhaltens
- Verbesserung der Umweltorientierung
- Förderung der Selbsttätigkeit und des Selbstwertgefühls
- Förderung der Gestaltungsfreude
- Hinführung zu einer möglichen Freizeitbeschäftigung

3.3.2 Voraussetzungen für die Lektionsstunde

3.3.2.1 Sachdarstellung

Der Ausgangspunkt für die heute recht vielfältige Form der Collage oder auch Materialcollage ist die im Kubismus entstandene Bezeichnung „papiers collés“. Unter Collage versteht man demnach ein aus bunten oder bemalten Papieren oder ein aus anderen Stoffen zusammengeklebtes Bild (flächige Montage). Collagen gibt es allgemein in den unterschiedlichsten Arten und Intentionen, die bestimmend sind für die jeweilige Strategie der Herstellung. In der Werbung z.B. wird es erforderlich, möglichst eindeutig und gezielt vorzugehen, um bei der Zielgruppe den beabsichtigten Effekt zu erreichen. In der bildenden Kunst dagegen ergibt sich die eindeutige Gestalt erst im Herstellungsprozeß selbst.

Der Surrealismus (1922–1944) gab der Collage die Popularität, die sie auch heute noch besitzt. So „hat Max Ernst auf glänzende Weise demonstriert, daß man mit Hilfe von Collagen, die aus alten Zeitschriften-

Illustrationen gewonnen sind, leicht alles übertreffen kann, was der traditionellen Malerei ihr Ansehen gibt" (Schneede, S. 24). Das zu verarbeitende Bildmaterial wird hier nicht als bloßes „Mittel" verwendet im Sinne üblicher Malutensilien, sondern stellt an sich bereits einen gültigen Inhalt dar. Bekannte Methoden, die dieses Prinzip berücksichtigen, sind die „Verfremdung" von Materialien, die „Metamorphose", die „Kombinatorik", das „Bild im Bild". Bei einer „Verfremdung" von Materialien muß zunächst das Material an sich erkannt und in seiner Übertragbarkeit auf das neu zu gestaltende Motiv erfaßt werden. Inhaltlich geht es um den Umgang mit Strukturen, Farben und Formen, wobei es nicht um eine naturgetreue Darstellung geht als vielmehr um die Erfahrung der Machbarkeit von Dingen in ihrer Vielseitigkeit. Gleichzeitig wird die Verwandtschaft der jeweiligen Objekte ersichtlich (zum Beispiel innerhalb von Farben und Formen).

Schalen von Zitrusfrüchten haben unterschiedliche Strukturen: von feinporigen Mandarinen bis hin zu unebenen, groben Oberflächen der Orangen. Die Farben der Zitrusfrüchte umfassen verschiedene Gelb-Grün-Töne der Zitronen und Pampelmusen, Orange-Abstufungen von Apfelsinen, Orangen und Mandarinen sowie verschiedene Rot-Töne von Blutorangen.

Die technischen Anforderungen der Material-Collage beziehen sich auf den Umgang mit Klebstoff (Bestreichen der auszugestaltenden Fläche, hier die Apfelform) und auf das Heraussuchen/Auswählen der anzuordnenden Materialien (hier: Schalenstücke von Zitrusfrüchten), die auf der eingestrichenen Fläche fest angedrückt werden müssen. Hierbei muß auf eine dichte, eher überlappende Anordnung geachtet werden, da die Schalen später austrocknen und schrumpfen werden. Die Begrifflichkeit von Ordnungselementen wird erforderlich (oben, unten, Mitte, seitlich, rechts, links), die sich bei einer abschließenden Anordnung der Einzelteile zum Gesamtbild (Obstkorb) wiederholt. Das Ausschneiden von Einzelteilen (Äpfel) erfordert den Umgang mit Scheren und das Nachschneiden rund verlaufender Linien. Bananenschalen bilden das Gestaltungsmaterial für die Form des Obstkorbes (rund verlaufend).

Technische Schwierigkeiten bereitet das Aufkleben fertiger Einzelteile, „Äpfel", da diese vorsichtig umgedreht und ihre Rückseite mit Pattex bestrichen werden muß. Die Kommentierung der fertigen Materialcollage (Obstkorb mit Äpfeln) erfordert die Lösung vom Einzelobjekt zugunsten der Betrachtung des Gesamtbildes unter Umsetzung verwendeter Begriffe (s. Didaktische Reduktion zur Stunde).

3.3.2.2 Die Lerngruppe

(Beispiel siehe S. 188)

3.3.2.3 Sachstruktureller Entwicklungsstand

Aus bereits vorhergegangenen Übungen zu dem Arbeitsvorhaben ist den SchülerInnen die Thematik der „Verfremdung“ von Materialien bekannt. Beschreibungen von Oberflächen/Strukturen wurden bereits gezielt in Übungen der Sinnesschulung sowie im Umgang mit unterschiedlichsten Materialien im Bereich „Darstellen und Gestalten“, der in meiner Unterrichtsplanung aufgrund seiner unterrichts-effektivierenden Inhalte stets gesondert Berücksichtigung fand, durchgeführt. Innerhalb einer thematischen Einheit unter der Bezeichnung „Materialerkundende Arbeitsvorhaben“ wurden u.a. mit Hilfe der Frottage (Durchreibetechnik) Oberflächen bzw. Strukturen erfaßt und abgebildet. Ebenso wurden im Bereich „Darstellen und Gestalten“ wie auch bei anderen Übungen im Umgang mit Farben, Formen, Mengen, dem Montessori-Farbkasten, den Logischen Blöcken etc. Differenzierungs- und Benennungsübungen im Bereich von Farben durchgeführt.

Schwierigkeiten des Farberkennens, aber auch der Formerfassung treten bei Thomas, Bettina und Heike auf. Die Farben hell-grün, hell-gelb, orange und rot sind allen SchülerInnen durch Farbbeschreibungen im Umgang mit Obstsorten bekannt, ebenso auch die Namen der in dieser Stunde verwendeten Obstsorten. Ute, René und Jens kennen auch den Begriff „Zitrusfrüchte“.

Der technische Vorgang des Vorhabens knüpft an vorhergegangene Stunden an (s. Stundenaufbau der UE), wobei der methodische Weg von grobmotorischen zu feinmotorisch anspruchsvolleren Materialien führte und auch Umriß- oder Begrenzungslinien allmählich weggelassen wurden. Der Umgang mit verschiedenen Klebstoffen (Pattex, Pritt, Uhu) und der Schere ist allen SchülerInnen ausreichend bekannt. Das Nachschneiden rund verlaufender Linien an verschiedenen Stoffen und Papier/Kartonstärken stellt zwar für motorisch sehr schwache SchülerInnen (Thomas, Heike, Bettina, Ina, Ralf) immer noch einen besonderen Schwierigkeitsgrad dar, liegt jedoch im Leistungsvermögen aller Schüler. Das Arbeitstempo der einzelnen SchülerInnen fällt sehr unterschiedlich aus; besonders langsam arbeiten Ralf, Ina, Thomas und zeitweise auch René.

Mit häufiger Durchführung kooperativer Arbeitsvorhaben und Gemeinschaftsarbeiten sind alle daran gewöhnt, aufeinander Rücksicht zu nehmen, sich untereinander zu helfen, zu arrangieren und sich einzuordnen. Die Einbeziehung eines Arbeitsplanes bei schwer zu überschaubaren Aufgabenstellungen wurde bereits häufiger durchgeführt; bisher können jedoch nur die leistungsstärkeren SchülerInnen Arbeitspläne als Form der Arbeitsanweisung in gewünschter Weise einbeziehen.

Insgesamt kann davon ausgegangen werden, daß die in dieser Stunde geplanten Übungen dem Leistungsvermögen der Lerngruppe entsprechen.

3.3.3 Entscheidungen

3.3.3.1 Didaktische Reduktion

Um dem Leistungsstand der SchülerInnen zu entsprechen (s. Sachstruktureller Entwicklungsstand), wird die Auswahl der Früchte begrenzt auf die Verwendung der Schalen von Mandarinen, Zitronen, Pampelmusen und Blutorangen, da die Farben dieser Schalen denen des übergroßen Apfel-Fotos am ähnlichsten sind.

Die in halbmondförmige Streifen und Teile geschnittenen Schalen dieser Früchte sind bereits für die Stunde vorbereitet; dieser Arbeitsgang soll in dieser Stunde, zugunsten des gestalterischen Schwerpunkts der Aufgabenstellung, nicht von den SchülerInnen durchgeführt werden.

Im Zusammenhang mit der Gestaltungsaufgabe sollen auf sprachlicher Ebene lediglich Begriffe wesentlichster Ordnungselement wie „oben“, „unten“, „Mitte“, die Farbbezeichnungen „hell-gelb“, „gelb, „hell-grün“, „orange“, „dunkelrot“ und „hellrot“ sowie die Merkmale der Schalen (glatt, dünn, dick, weich, uneben, fest, glänzend) berücksichtigt werden.

Die Themennennung wird für die SchülerInnen nicht unter dem Begriff „Collage“ bzw. „Materialcollage“, sondern unter Benennung des Motivs erfolgen (Obstkorb mit Äpfeln).

3.3.3.2 Stundenziel

Die SchülerInnen sollen mit den Schalen von Zitrusfrüchten und Bananen einen Obstkorb mit Äpfeln darstellen, indem sie

- einige wesentliche Farben (Merkmale s. 3.1) und Strukturen der Früchte/Schalen beschreiben (glatt, glänzend, weich, fest, uneben, dick, dünn),
- die Obstschalen zu einer runden Form (Apfel oder Obstkorb) anordnend aufkleben,
- fertiggestellte Teile ausschneiden und gemeinsam zum geplanten Motiv zusammenfügen.

3.3.3.3 Begründung der Ziele und Inhalte

Im Unterrichtsbereich Darstellen und Gestalten (s. Rahmenplan) wird u.a. auf den Erwerb von Techniken und Fertigkeiten wie Malen, Zeichnen, Reißen hingewiesen, denen mit der Intention der Schulung der Feinmotorik und der Förderung des Farb- und Formempfindens auch das Vorhaben dieser Stunde Rechnung trägt. Die Übungen unseres Vorhabens richten sich auf die bei Geistigbehinderten allgemein und insbesondere bei den SchülerInnen meiner Klasse vorfindbaren Insuffizienzen im Bereich von Motorik, Sprache und Wahrnehmungstüchtigkeit (zu ersterem siehe Anhang) und gewinnen von daher lebenspraktische Bedeutung. „Die Voraussetzung für eine optimale Orientierung in der Umwelt und damit für deren Bewältigung ist die Schärfung der Wahrnehmung und die Differenzierung des Sensoriums.“ (Matthes 1976, S. 15) Vordergründig lustbetonte Inhalte der Stunde (Materialbeschaffenheit / Verwendungszweck „Klassenschmuck“) bilden die Motivation für gezielte Übungen innerhalb der aufgeführten beeinträchtigten Bereiche. Fächerübergreifend beinhaltet der Übungsstoff in dieser Stunde eine wirksame Wiederholung der im Projektbereich Einkauf und insbesondere im Bereich der Selbstversorgung durchgeführten Übungen zur Benennung und Verwendung verschiedener Obstsorten.

Die Technik der Collage halte ich für diese SchülerInnengruppe für besonders geeignet, weil in relativ kurzer und konzentrationsmäßig zumutbarer Zeit unter Anregung vieler Sinne – unter Einbeziehung mehrerer Handlungsabläufe – ein effektvolles Bild entsteht, wobei unter weitgehender Selbsttätigkeit der SchülerInnen vor allem ihr Selbstwertgefühl gestärkt wird. So vermindert gleichzeitig die Technik der Collage die in der Altersgruppe meiner SchülerInnen allmählich auftauchende Diskrepanz zwischen eigener Formgestaltung und angestrebter Darstellung.

Die eingeplanten manuellen Übungen in dieser Stunde, der Umgang mit Arbeitsmitteln, der Wechsel der Handlungsabläufe und das Vorgehen nach einem Plan/Arbeitsplan stellen für diese Oberstufe eine Vorbereitung für die Anforderungen im Jugendwerkheim bzw. in der Werkstufe dar. Mit dem Ziel, ein adäquates Sozialverhalten anzubahnen und, entsprechend der Altersgruppe meiner SchülerInnen, Verständnis und Aufgeschlossenheit für Gemeinschaft zu erlernen, halte ich es für besonders notwendig, kooperative Übungen – wie in der letzten Phase der Stunde – anzubieten.

Die Form des Ausdrucks im Bild stellt unter dem Aspekt der häufig beschränkten Ausdrucksmöglichkeiten geistigbehinderter SchülerInnen eine wichtige und positive Erfahrung dar. Mit der Freude am Tun und am eigenen Gestalten werden die sie dazu angeregt, auch in ihrer Freizeit eigene und ähnliche Aktivitäten zu entwickeln. Unter Einschluß der genannten Ziele sollen die Übungen dieser Stunde dazu beitragen, der Forderung nach „Lebenstüchtigkeit" und „Lebenserfülltheit" (Bach) ein Stück näher zu kommen.

3.3.3.4 Didaktisch-methodische Überlegungen

Die Hinführung zum Thema geschieht durch die Weckung der Neugier (Reizinteresse/Prinzip der Affektivität). Anhand einer Bandaufnahme (akustischer Anreiz) und dem Realobjekt sollen die SchülerInnen den Gegenstand des Themas selbst benennen, wobei die nachfolgende Anschauung anhand eines Bildes (Fotografie) zur Nennung des Themas und zur Materialbestimmung überleitet. Die nun folgenden, überwiegend kognitiven Übungen der Explorationsphase berücksichtigen das Prinzip des handelnd-anschaulichen Umgangs mit den Dingen. Die Schalenstücke werden ertastet, betrachtet, befühlt, zugeordnet, und ihr Geruch wird erfahren (allsinniges Prinzip). Um das Schalenmaterial deutlich als einen wesentlichen Bestandteil der Aufgabenstellung darzulegen, werden die dazugehörigen Früchte nur kurz zur Benennung zugeordnet und mit der Nennung der Farben umgehend wieder eingesammelt. Diese Phase soll zugunsten des pragmatischen Teils der Stunde nur wenig Zeit in Anspruch nehmen, da den SchülerInnen außerdem auch Früchte und Schalen im Zusammenhang mit Schälübungen und Zubereitungen von Speisen grundsätzlich bekannt sind. Ausgedehnte Sprachübungen möchte ich vermeiden, um bei den keine Unlusterlebnisse zu erzeugen. Sprachlich inaktive Einzelleistungen schwächerer SchülerInnen werde ich durch gruppenweises Sprechen in Form von Zusammenfassungen auszugleichen versuchen. Der Vergleich der Farben mit der Farbfotografie eines Apfels führt abschließend wieder zum Bild und damit zur Aufgabenstellung „wir gestalten ein Bild" zurück.

Die Verdeutlichung des technischen Ablaufs stellt der Arbeitsplan dar, der nicht an der Filztafel untergebracht wird, sondern sich unmittelbar vor dem Gruppentisch in Sichthöhe der SchülerInnen befindet und Veranschaulichung und Selbstkontrolle anbietet. Unter dem Aspekt des Imitationslernens werde ich anhand von Ralfs Arbeitsblatt den Klebevorgang demonstrieren, um damit gleichzeitig diesem sehr antriebsarmen Schüler einen guten „Start" zu ermöglichen. Ute, Jens und René werden die Umrißlinie selbst finden müssen (Differenzierung).

Die Erarbeitung des Obstkorbes aus Bananenschale wird Thomas unter gleichzeitiger Betreuung durch die PU vornehmen, die ihm bei der Formfindung Hilfestellung bibt, den Klebevorgang zeigt und mit ihm Gegenstand und Vorgehensweise erörtert. Er soll seine Arbeit abschließend der Gruppe zeigen und hierdurch, wie auch aufgrund des besonderen Stellenwerts des Obstkorbes im Gesamtbild, in besonderer Weise Zuwendung und Bestätigung erfahren.

Während der Durchführung werden Lehrer und PU, falls erforderlich, Hilfestellung anbieten. Fertige Arbeiten werden jeweils zum Betrachten der Gruppe gezeigt und die in ihrem Arbeitstempo schnelleren SchülerInnen können ihre Arbeiten besonders sorgfältig gestalten bzw. langsameren SchülerInnen geringe Hilfestellung geben, um mit der Fertigstellung des Gesamtbildes ein gemeinsames Erfolgserlebnis zu sichern. Mit der zeitlichen Angleichung wird gleichzeitig Leistungsdifferenzierung möglich (Prinzip der Individualisierung). Die Farbe des Bildhintergrundes (Fotokarton) soll die Gruppe zu Beginn der Integrationsphase selbst bestimmen dürfen, indem sie zwischen den Farben Grün und Braun wählen können, wobei braun sich zu wenig von der Farbe des Obstkorbes abheben wird (Entscheidungsbildung / Geschmackserziehung).

Bei der abschließenden Betrachtung des Bildes wird es erfahrungsgemäß notwendig, den SchülerInnen Anhaltspunkte zu geben (Vergleich von Farben, Größe, Vergleich mit Foto, Anordnung der Äpfel etc.).

Die Übungen gehen somit von zunächst konkret-handlungsorientierten handlungsorientierten zu kognitiven Aufgabenstellungen über und werden insgesamt von sozial-affektiven Erlebnisinhalten getragen. Sollten zur Darstellung der roten Farbtöne des Apfels die dazu vorgesehenen Blutorangen im Handel noch nicht erhältlich sein, werde ich die SchülerInnen auf die Möglichkeit der Verwendung dieser Früchte hinweisen, die Darstellung jedoch auf die vorhandenen Farben beschränken (hellgelb, gelb, hell-grün, orange). Die diesen Farben entsprechenden Früchte (Zitronen, Pampelmusen, Apfelsinen und Mandarinen) sind den SchülerInnen, wie erwähnt, bekannt und werden deshalb auch verwendet.

Die Mitarbeit der Pädagogischen Unterrichtshilfe besteht darin, bei pragmatischen Aufgabenstellungen motorisch schwächeren SchülerInnen (insbesondere Heike und Thomas) Hilfestellung zu geben, stillere Schüler wie Ralf und Thomas zu optimaler Mitarbeit anzuregen und das Unterrichtsgeschehen im Sinne der Konvivialität in Kooperation mit dem Lehrer positiv und lebendig mitzugestalten.

Beispiel: **Übersicht über Arbeitsschritte (Arbeitsplan für die Schüler)**

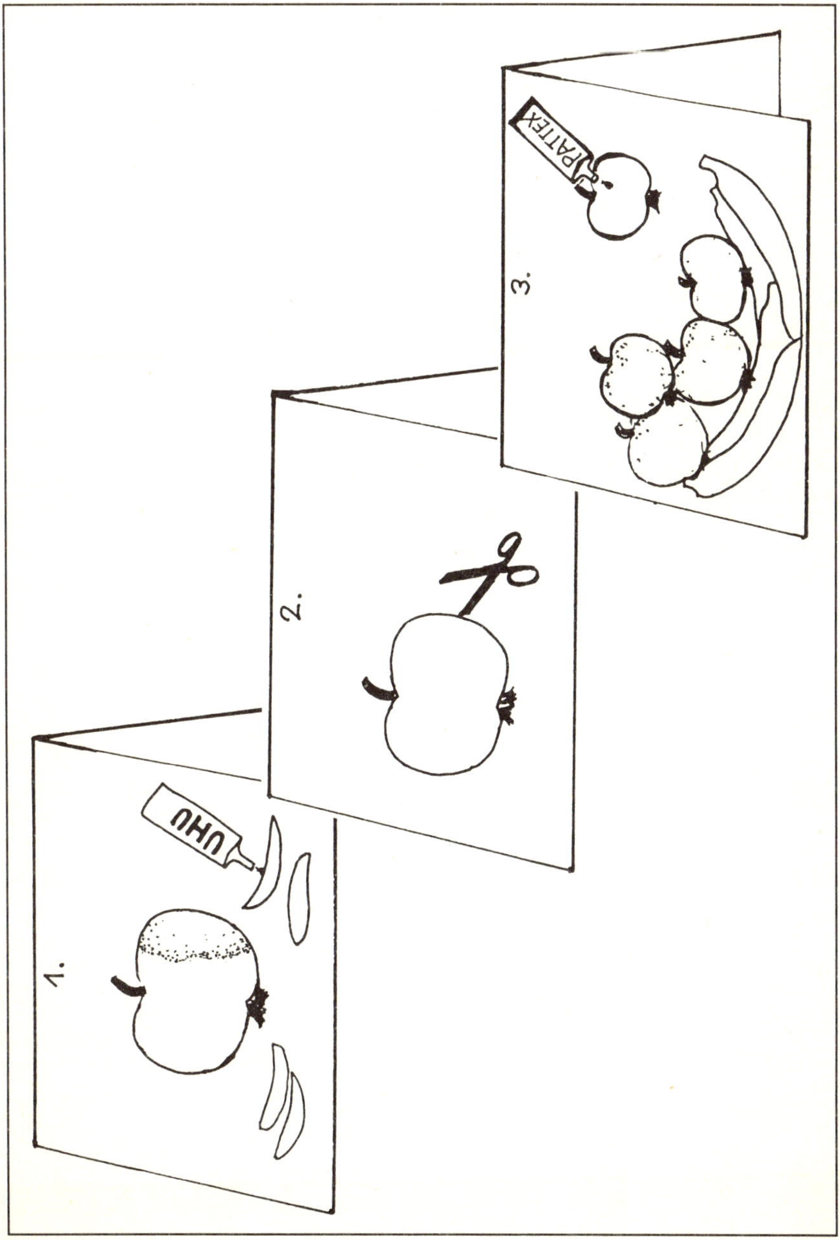

3.3.3.5 Verlaufsplanung

Phasen/Ziele	Geplantes Lehrerverhalten	Erwartetes Schülerverhalten
Initiationsphase	L. läßt Aufnahmen anhören; was hat die Mutter eingekauft?	Sch. finden heraus: „Äpfel“
	L. zeigt Tüte mit Äpfeln: wo legen wir sie hinein? L. fordert auf, ihn zu holen und Äpfel hineinzulegen.	Sch. nennen „Obstkorb“
	L. fordert auf zu benennen.	Sch. holen Obstkorb und legen Äpfel hinein Sch. sprechen „Obstkorb mit Äpfeln“
Sch. können Obstkorb mit Äpfeln auf einem Bild (Foto) wiedererkennen	L. zeigt Bilder/Bildtafel und läßt Foto von Obstkorb mit Äpfeln heraussuchen und an Tafel heften.	Sch. suchen Bild heraus und heften es an Tafel
	L. nennt Thema: wir wollen auch ein Bild machen ... (verweist auf „Klassenschmuck“ und nennt Material)	Sch. hören zu
Explorationsphase	L. und PU gehen mit verdeckten Schalen herum; fordern auf – ihr dürft euch Schalen heraussuchen, die sich besonders schön anfühlen. (Erst Hand öffnen, wenn alle genommen haben.)	Sch. ertasten und nehmen Schalenstück in die Hand
	L. fordert auf, zunächst zu beschreiben, wie sich die Schale anfühlt (L. macht es ebenso).	Sch. nennen ungeordnete Begriffe

Sozial- und Aktionsformen	**Medien**	**Didaktisch-methodische Überlegungen**
Kreisform um den Tisch	Kassettenrecorder u. Aufnahme: „Einkauf am Obststand“	Reizinteresse/Neugier Akukst. Diskrimination
Gemeinsames Sprechen	Realobjekte „Apfel“, „Obstkorb“	Denkanstoß Handlungsteil/konkreter Bezug zum Thema, konkret-sinnliche Erfahrungen
Einzelne Sch.		
Gemeinsames Sprechen	Begriffsfindung	
Arbeit an der Tafel	Große Abbildung (Foto)	Abstraktionsstufe Übergang zu „Bild selbst machen“ Aufgabenverständnis Motivation; Hinführung zu Exploration (Material)
Kreisform um den Tisch	Schalen von Zitrusfrüchten Schale	taktile Erfahrung, Motivation Kontenzration auf Material
		Sammeln von Begriffen, spontanes Sprechen/Assoziation

(Fortsetzung Explorationsphase)

Sch. können einige Merkmale der Schalenoberfläche herausfinden und allgemein die Schale beschreiben	L.: nun öffnet die Hand und legt Schale auf den Tisch, wie fühlt sich die Oberfläche an – wie die Rückseite – ist sie hart? ... etc. (Bezeichnungen der Fruchtart werden bestätigt, jedoch auf später verschoben.)	Sch. beobachten L. und machen es ebenso; finden u.a. heraus – glatt, dünn, dick, weich, uneben, glänzend, fest
	L. stellt Teller mit Schalen auf den Tisch und läßt Schalenstücke zuordnen.	Sch. ordnen Schalen zu den Schalen auf Tellern
Sch. können Früchte zu Schalenstücken zuordnen	Fragt, welche Früchte wohl dazu gehören und läßt Früchte zuordnen.	Sch. raten/überlegen, zählen einige Früchte auf und ordnen dann Früchte zu (Zitronen, Pampelmusen, Mandarinen, Blutorangen, Bananen)
Sch. können helle Farbtöne (hell-grün, hell-gelb) von kräftigeren Farben (orange, rot) unterscheiden	L. fordert auf, jeweils Frucht zu zeigen und gemeinsam zu sprechen.	Sch. sprechen gemeinsam: Zitronenschale ... etc.
	L. seht euch mal die Farben an, welche sind heller, welche dunkler bzw. kräftiger in den Farben? Nennt die Farben!	Sch. zeigen und nennen Farben
Sch. können Farben eines Apfels benennen und mit denen der Schale vergleichen	L.: Nun wollen wir sie mal mit den Farben eines besonders schönen Apfels vergleichen! (PU zeigt auf Farben, Sch. zeigen entsprechende Schalensorten) L. läßt Früchte einräumen und leitet über zur Durchführung.	Sch. vergleichen Farben und zeigen entsprechende Schalen

	Einzelne Fruchtschalen	Imitationslernen, strukturierend nach übergeordneten Gesichtspunkten beschreiben (vom Ungeordneten zum Geordneten)
Zuordnen am Tisch	5 Teller mit Zitrusfrüchten	Besonderer Schwierigkeitsgrad Wahrnehmungsschulung
	Zitrusfrüchte und Banane	Denkanstoß Verbindung Frucht/Schale Wortverbindung Sinnesschulung
Gemeinsames Sprechen		Artikulationsübung Verbindung Bekanntes/ Unbekanntes Sprechen im Chor Farberkennung/ Differenzierungsübung Artikulationsübung
	großes Foto eines Apfels	Verbindung Apfel/ Zitrusfrüchte/ Schalenmaterial, Abstraktion Rückführung zu Bild, Impuls zu Durchführung

Objektivierungsphase	L. läßt Sch. Arbeitsmaterial herausfinden und verteilen (läßt Schale von Blatt fallen).	Sch. finden heraus – Klebstoff, Fotokarton bzw. Papier.
Sch. können die Form des Apfels beschreiben und nachlegen	L. erklärt Arbeitsvorgang anhand des Arbeitsplans (läßt Form des Apfels beschreiben).	Sch. beobachten, überlegen, beschreiben Form des Apfels, nennen Reihenfolge des Arbeitsvorganges
Sch. können eckige Schalenstücke innerhalb einer runden Form dicht nebeneinander aufkleben, ohne größere Zwischenräume entstehen zu lassen	L. demonstriert den Klebevorgang an Ralfs Blatt. L. verweist auf Arbeitsplan und fordert auf zu beginnen - gibt vereinzelt Hilfestellung.	Sch. beobachten und machen es genauso. Sch. ordnen und kleben auf.
	PU beginnt mit Thomas den Obstkorb zu erarbeiten.	Thomas klebt Obstkorb (mit geringer Hilfestellung).
	L. verweist auf Stiel und Blüte.	Sch. kleben Stiel und Blüte auf.
Sch. können ihr fertiges Teil (Apfel oder Obstkorb) aus Karton ausschneiden	L. läßt fertige Teile jeweils hochzeigen und dann ausschneiden (umkreist Stiel mit Bleistift)	Sch. zeigen fertiges Teil jeweils der Gruppe und schneiden aus
	L. läßt Arbeitsplätze aufräumen.	
Integrationsphase	L. zeigt zwei farbige Bögen Fotokarton; fordert auf auszusuchen.	Sch. wählen Hintergrund ihres Bildes aus
Sch. können 8 Einzelteile (7 Äpfel/1 Obstkorb) zusammenfügen	L. läßt Rückseiten der Einzelteile mit Klebstoff bestreichen und zuerst den Obstkorb aufkleben.	Sch. streichen mit Klebstoff ein Thomas klebt Obstkorb auf
Sch. können mit geringer Hilfestellung ihr Bild kommentieren	L. läßt Äpfel aufkleben. L. fordert auf, Bild zu kommentieren und gibt Impulse.	Sch. kleben Äpfel auf und beschreiben das fertige Bild, vergleichen, sprechen einfache Sätze
	L. und PU läußern ihre Anerkennung und geben eine positive Rückmeldung.	

Sitzkreis um den Tisch	Fotokarton, Klebstoff	Impuls, Interesse wecken
Zeigen an der Tafel	Abbildungen der Arbeitsschritte auf großem Arbeitsplan	Prinzip der Anschauung, Reihenfolgen erkennen, Artikulationsübung / kognitive Übung
	Exemplarisches Vormachen	Imitationslernen
Einzelarbeit	Arbeitsplan	Feinmotorische Übvung, Form- und Farberkennen, Ordnungsübungen, Differenzierung
	Bananenschale (dunkle Abschnitte)	Impuls und Fertigstellung der Arbeit
		Bezug „Gruppe“ Umgang mit Schere (rund verlaufende Linien)

	2 Bögen Fotokarton (braun, grün) Pattex	Gruppenentscheidung/ Motivation Umgang mit Klebstoff
Gemeinschaftsarbeit		
		Training des Sozialverhaltens, Anbahnung einfacher Sch.-Gespräche Selbstwertgefühl

3.3.4 Sitzplan

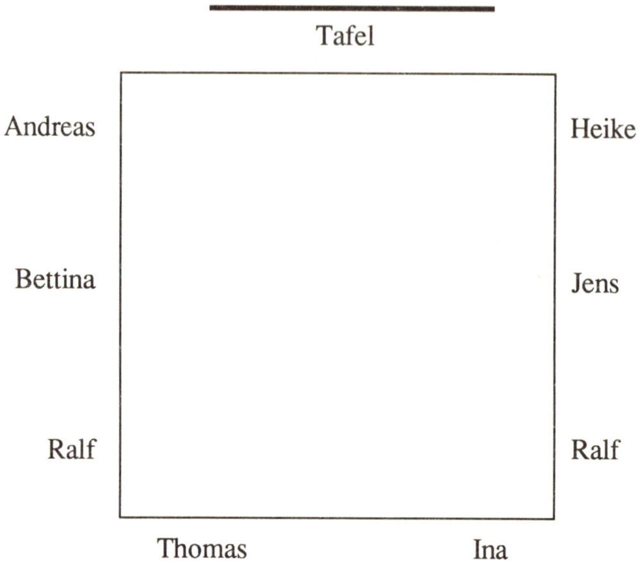

3.3.5 Literatur

Otto, G.: Didaktik der ästhetischen Erziehung. Braunschweig 1974

Otto, G.: Kunst als Prozeß im Unterricht. Braunschweig 1969

Piepenkötter, M.: Das Ich hinter den Spiegeln – Förderung von Selbst- und Fremdwahrnehmung durch künstlerische Mittel beim geistigbehinderten Kind. In: Kunst als Lernhilfe. Schriftenreihe zur Kunstpädagogik. Frankfurt/M. 1981

Richter, H.G.: Pädagogische Kunsttherapie. Düsseldorf 1984

Senator für Schulwesen, Jugend und Sport (Hrsg.): Didaktische Informationen zum Rahmenplan für die Schule für Geistigbehinderte. Berlin

Stütz, W.H.: Das bildnerische Gestalten in der Schule für geistig behinderte Kinder und Jugendliche. In: Ehrenwirth Sonderschulmagazin 6/1983

Stütz, W.H.:Wiedergabe eines wahrgenommenen Vorbildes in eigener Bildsprache. In: Ehrenwirth Sonderschulmagazin 6/1983
Theunissen, G.: Kommunikation und ästhetische Praxis – Erfahrungen in der Arbeit mit hospitalisierten geistig Behinderten. In: Zeitschrift für Heilpädagogik 33/1982, Heft 10
Wienhofer, F.: Collagieren – Unterrichtsentwurf für ein 2. Schuljahr. In: Zeitschrift für Kunstpädagogik 4/1980

3.4 Projektübersichten

PROJEKTÜBERSICHT
Unterrichtsstruktur zum Projekt-Thema:
„Meine Wohnung und ihre Umgebung"
(s. Anwendungsbeispiel 1, S. 155)

U.-Bereich: Sprachliche Erziehung
UE:Erstellen von Fotos (Umgang mit dem Fotoapparat) für eine Wandzeitung zum Thema (s. Beispiel 1; S. 156)
- Unser neuer Fotoapparat
- Wir probieren den Fotoapparat aus
- Wir lernen die vereinfachte Funktion und die Begriffe wichtiger Bestandteile unseres Fotoapparates kennen
- Die Schüler bringen ihren eigenen Fotoapparat zum nächsten Ausflug mit und fotografieren entsprechend ihrer Thematik
- Die Schüler fotografieren mit Unterstützung ihrer Eltern ihr Haus und ihre Straße
- Wir bringen unsere Filme zur „Entwicklung"

Unterrichtsbereich: Lesen und Schreiben (Ganzwortlesen)
UE:Hier wohne ich – Der Name meiner Straße –
- Wir verbinden den Namen unserer Straße (Foto) mit zugehöriger Wortkarte und malen "Straßenschilder" für die Häuser-Collagen aus
- Wir drucken unseren Straßennamen in unseren "Ausweis". Verbindung zum Namen auf großen Kartonkarten zum Spiel "Mein rechter Platz ist leer".
- Wir stellen ein Puzzle von unserem Straßennamen her (Zerlegen des Namens in Silben und Zusammenfügen anhand der "Ausweise").
- Wir bedrucken und beschriften große Briefumschläge und spieoen das Postboten-Spiel. (Richtige Plazierung des Straßennamens innerhalb der Adresse)
- Wir suchen den Straßennamen auf dem vergrößerten Stadtplanauszug und kennzeichnen mit Fäden die Verbindung/Entfernung zum Absender-Ort "Schule".

U.-Bereich: Ausflüge, Unterrichtsgänge und Lehrwanderungen
UE: Wir besuchen uns gegenseitig zu Hause
- Wir bereiten uns auf einen Besuch vor. (Wegplanung, Absprache, Telefonieren, Zeit vereinbaren, etwa mitbringen)
- Wir erleben unseren Schulweg (Anwendung und Umsetzung in Verbindung zum Projekt-Thema I)
- Verhalten als Gast und als Gastgeber/in und Orientierung in fremder Wohnung
- Kennenlernen der Familien; Kontaktaufnahme, Austausch
- Erleben von Wohn-Atmosphäre in ganzheitlichen Zusammenhängen autentischer Situationen (Wir beschreiben diese und geben unseren Gefühlen Ausdruck (Singen, Spielen etc.))

U.-Bereich: Musisch-rhythmische Erziehung
UE: Lieder zum Schulweg (Rolfs Schulweg-Hitparade)
- Sprachrhythmische Übungen zu meiner Straße. Erarbeitung der Tempi langsam-schnell (Schrittfolge und nach Handtrommel) anhand einer Schulweg-Geschichte
- Liederarbeitung „Ich hab mich verlaufen". Verbindung mit weiteren Ordnungselementen (hoch-tief) mit Klang- und Rhythmikinstrumenten
- Aufnahme des Liedes auf Cassette und Erarbeitung einer einfachen szenischen Darstelllung der Geschichte.

U.-Bereich: Bildnerisches Gestalten
UE: Wir stellen eine Wandzeituing zum Thema her
- Wir kleben unsere Fotos (Straße, Haustür) auf farbige Bögen und malen die Umgebung dazu
- Wir schneiden Häuser aus (Illustrierte) und stellen Häuserreihen her. (Straßenbilder)
- Wir bauen Spielplätze und Grünanlagen (Collagen) für unsere Wohngegend
- „Unser" Stadtbild. Gemeinschaftsarbeit (Collagen) anhand unserer Materialien und Bilder.

PROJEKTÜBERSICHT
Projektthema: Naturerlebnisse im Herbst
(s. Anwendungsbeispiel 2, S. 173)

U.bereich: Bildnerisches Gestalten
UE: Druckverfahren mit Blattstrukturen (Abrollen von Strukturen im Linol-Druckverfahren)
- Wir mischen vergleichbare Farbtöne zu den von uns gtepreßten Blättern und drucken „Blätter im Wind“ (Freie Gestaltung der Fläche)
- Wir drucken (mit zunehmender Kenntnis der Technik) gelbe, rote, orangefarbene Bäume in verschiedenen Gelb- und Rot-Tönen. Rundverlaufende Anordnung der Blätter zu Baumkronen)
- Gemeinschaftsbild „Herbstwald“ (Stämme werden mit vierkantigen Holzstempeln gedruckt).

U.bereich: Ausflüge, Spaziergänge und Lehrwanderungen
US: Wir ernten Kartoffeln und Äpfel und feiern ein „Drachenfest“ mit den Eltern im Park.
- Wir organisieren den Besuch eines Bauernhofs in Mariendorf und erleben und erproben das „Kartoffelroden“.
- Wir besuchen die Schulgruppe der Schwerstmehrfachbehinderten im Christophoruskrankenhaus und gestalten gemeinsam die Apfelernte im Garten des dortigen Krankenhausgeländes.
- Wir wandern in die nahegelegene Kleingarten-Kolonie und fotografieren und befragen die Leute zum Thema: Herbstarbeiten im Garten.
- Wir laden die Eltern zum Drachenfest im nahegelegenen Park ein, lassen unseren selbstgebastelten Drachen probesteigen und essen gemeinsam unsere gebackenen „Äpfel im Schlafrock“.

U.bereich: Lesen und Schreiben
UE: Wir erweitern unseren Jahreszeiten-Freizeit-Kalender zum Thema: Spiel und Spaß im Herbst.
- Unsere Einladungskarte an die Eltern zum „Drachenfest im Park“. Anleitung: „So kann eine Karte gedruckt und gestaltet werden.“
- Eine Natur-Ralley im Herbstwald. Spielregeln in Bildzeichen udn Symbolen mit Schrift in Großantiqua.
- Mit allen Sinnen die Natur erleben: Beispiele, Symbole ludn Tätigkeiten in vielsinniger Begegnung mit Blättern, Bäumen, Herbstfrüchten und Herbstblumen in Park und Umgebung.
- So haben wir unseren Drachen gebaut. – Arbeitsschritte in Wort und Bild –
- Kinder kochen Kürbispüree. Ein Kochrezept als Freizeit-Spaß (Wort-Bild-Rezept –„K“ als Anlaut und neuer Buchstabe für die Lese-Schreib AG)
- Der leuchtende „Kürbis-Kopf“– Unsere Klassenlaterne – (Arbeitsanleitung in Wort-Bild Folge)

U.bereich: Lesen und Schreiben
UE: Speisen und Getränke zum Thema „Apfel“ – Erarbeitung von Ganzwörtern mit Anlaut „A“ anhand von Rezepten zum Thema
(s. Beispiel 2; S. 174)
- Wir kaufen am Obststand Äpfel
- Apfel im Schoko-Mantel
- Ali mag Apfelsaft
- Ali mag Apfelmus

U.bereich: Textiles Gestalten
UE: Seidenmalerei „Karten zur Jahreszeit“
- Wir malen mit feinen Pinseln in Aquarell-Technik in Farbtönen des Herbstes (Inspiration durch Herbstlandschaften)
- Wir arbeiten mit dem Konturenmittel (gegenständlich) und malen die entstandenen Formen (Blätter, Baum, Drachen) farblich aus.
- Wir stellen Schablonen zu Herbstmotiven und Formen her und arbeiten mit Konturenmittel und feinen Pinseln
- Wir stellen unsere Karten fertig. Ausschneiden und Beschneiden der Seidenbilder in Kartengröße und Aufkleben auf Doppelkarten.

U.bereich: Zubereitung einfacher Speisen u. Getränke
UE: Speisen und Getränke zum Thema „Apfel“
(s. Beispiel 2; S. 174)
Apfel im Schokomantel
Wir machen Apfelsaft
Wir kochen Apfelmus

4. Beispiele für Kurzentwürfe

4.1 Kurzentwurf – Beispiel 1 (Musisch-rhythmische Erziehung)

Unterrichtsentwurf	Datum: 12. 10. 91	Zeit: 11.30 – 12.15 Uhr
Name: Erika John Schule: Unterrichtsbereich:	 Musisch-rhythmische Erziehung	Klasse: Unterstufe Schüler: 2 Mädchen / 5 Jungen

Projektthema: Naturerlebnisse im Wald

Thema der UE: Wind- und Wettergeschichten
- Wir erkennen Wind-, Sturm- und Regengeräusche (Cassettenaufnahme) und stellen diese Geräusche zu einer Wind- und Wettergeschichte her.
- Darstellen und Vertonen des Gedichtes „Der Herbstwind“

Thema der Stunde:
- *„Der eingesperrte Sturmwind“ – Wir sprechen, singen, verklanglichen und singen das Lied.*
- Erarbeitung des Regenliedes „Tripf, tropf, tripf ...“ – Wir sprechen, singen und begleiten mit Handtrommel und Xylophon

Stundenziel: Die SchülerInnen lernen das Lied und die Geschichte „Der eingesperrte Sturmwind“ kennen, indem sie
- den erzählten Text sprachrhythmisch nachvollziehen (klatschen und sprechen),
- mit der Melodie verbinden,
- auf Xylophonstäben und mit Rumbarasseln das Lied begleiten (Dilek und Nadir) und
- die weitere Handlung spielerisch nachvollziehen (drei weitere SchülerInnen).

Stundenziel für Bianca: Bianca wird in das Vorhaben einbezogen, indem sie
- das Windgeräusch auf der Handtrommel (Wischen) als Einleitungsmotiv vor den Strophen darstellt und

	– durchgehend das Lied auf der Handtrommel begleitet (selbständige Bewegungen und Rhythmisierungen)
Hinweise:	Mit den vielfältigen Ausdrucksmöglichkeiten anhand von Text und Inhalt, verbunden mit einer einfachen Melodie wird jeder der SchülerInnen optimal einbezogen und motiviert werden, eigene Ausdrucksmöglichkeiten zu finden und sich auf seine MitschülerInnen abzustimmen. Die spielerische Darstellung des Inhalts sollen die SchülerInnen selbst erfinden. Hierbei besteht für sie die Aufgabe, sich mit Bianca abzustimmen und sie in das Spiel rollenmäßig einzuplanen. Lehrer und PU geben Impulse und Anregungen.

Geplanter Unterrichtsverlauf	Medien	Didaktisch-methodischer Kommentar
Einstieg Die Sch. ordnen das Sturmgeräusch dem entsprechenden Bildzeichen zu (Tafelbild). L. erzählt von dem eingesperrten Sturmwind in einem Turm, läßt ein Bild von einem Turm an die Tafel heften und verweist auf das Lied (Themennennung).	Sturm- und Windgeräusche (Cassette) Bildzeichen Turmbild	Anknüpfen an die erste Stunde Motivation; Veranschaulichung; Symbolverständnis Prinzip der Anschauung
Erarbeitung Sch. erarbeiten den Text durch Zuhören, rhythmisiertes Nachsprechen und unterstützendes Klatschen. L. erklärt und veranschaulicht Begriffe wie "rütteln", "Ritze", "Eisentor". Sch. finden heraus, daß man mit Rasseln das "Rütteln" und mit der Trommel (Wischen) und Lautmalerei (hui) den Sturmwind nachmachen kann. Sch. erarbeiten die Melodie (Zuhören, Summen, Mitsingen) und die Begleitung auf den Xylophonstäben (Dilek).	Rhythmisierte L.-Sprache Einzeichnen in das Turmbild Rumba-Rasseln, Handtrommel Xylophonstäbe	Begriffserarbeitung; Veranschaulichung; akustische Diskrimination Förderung der Kreativität Prinzip der kleinen Schritte; Binnendifferenzierung
Durchführung Sch. singen und begleiten das gesamte Lied mit jeweiligem Vorspiel durch Bianca. L. und Sch. erwägen verschiedene Möglichkeiten der Darstellung der Geschichte. Sch. finden Darstellungsmöglichkeiten (zwei Sch. bilden den Turm, ein Sch. sitzt eingesperrt als Sturmwind zwischen ihnen) und singen und spielen das Lied gemeinsam.	alle Instrumente	Konzentration; Erlebnis des gemeinsamen Gestaltens Förderung der Phantasie und des Ausdrucksvermögens Handlungsorientierung; Selbsttätigkeit Affektives Prinzip; soziales Moment
Festigung Sch. und L. nehmen das Lied auf Cassette auf und hören gemeinsam die Aufnahme an bzw. alle spielen in Kreisform abschließend dazu die Geschichte. L. und Sch. geben abschließend positives Feedback zur Zusammenarbeit.	Cassettenrecorder	Erfolgserlebnis; Selbstwertgefühl Gemeinsames Spielerlebnis; soziale Anerkennung

4.2 Kurzentwurf – Beispiel 2

Unterrichtsentwurf	Datum: 7. 6. 90	Zeit: 8.30 – 9.15 Uhr
Name: Erika John		Klasse: Mittelstufe
Schule:		Schüler: 3 Mädchen/
Unterrichtsbereich:	Lesen und Schreiben (Bildzeichen und Signale)	4 Jungen

---

Projektthema: Öffentliche Verkehrsmittel in Berlin

Thema der UE: Wir lernen die Bildzeichen für die Haltestellen von Bus und U-Bahn

- Wir suchen die in Schulnähe gelegenen Haltestellen auf und stellen Vergleiche mit unseren Fotos und Bildkarten an.

Thema der Stunde:

- *Wir stellen für die Klasse große Bildzeichen bzw. Hinweisschilder zu den Haltestellen U-Bahn und Bus her.*
- Wir spielen: Bewegungs- und Zuordnungsaufgabe im Raum nach einer Geschichte zum Thema. Würfelspiel mit dem Buchstabenwürfel zum Thema.
- Wir suchen auf vergrößerten Fahrplänen Haltestellen im Umkreis der Schule, ordnen Bildzeichen zu und schreiben und malen diese auf Arbeitsblättern nach (Sammelmappen zum Thema).

Stundenziel: Die SchülerInnen lernen die Bildzeichen der Haltestellen von Bus und U-Bahn voneinander zu unterscheiden, indem sie

- Bild und Bildzeichen den jeweiligen Fahr– und Umgebungsgeräuschen zuordnen,
- die genannten Bildzeichen von anderen Zeichen (S-Bahn) unterscheiden und
- die Buchstaben anhand von Schablonen nachfahren, aufmalen, ausdrucken (Hohlformen), ausschneiden und auf das vorgefertigte Schild kleben.

Hinweise:	Die Herstellung der großen Buchstaben bzw. Bildzeichen erfolgt in Partnerarbeit. Die SchülerInnen geben sich Hilfestellung in der Handhabung der Schablonen, beim Drucken, Ausschneiden und dem mittigen Plazieren/Aufkleben auf dem Hintergrund. Der besonders anleitungsbedürftige Schüler arbeitet mit einem leistungsstärkeren, selbständigen Schüler zusammen. PU und Lehrer geben Hilfestellungen und organisieren während dieser Phase den technischen Ablauf.

Geplanter Unterrichtsverlauf	Medien	Didaktisch-methodischer Kommentar
Einstieg L. läßt zu den Geräuschen von U-Bahn und Bus Bilder von Bus und U-Bahn zuordnen und an den Bildern die entsprechenden Bildzeichen zeigen und beschreiben. Themennennung: Wir werden heute große Schilder für die Klasse drucken bzw. herstellen. (5. Min.)	Cassettenaufnahme große Fotos	Spielerische Hinführung; auditive Diskriminierungsübung Veranschaulichung optische Unterscheidungsübung; Versprachlichung Aufgabenverständnis
Erarbeitung L. läßt Bildzeichen vom Tisch heraussuchen und zum Foto heften. Sch. suchen sich ein Bildzeichen, finden den auf dem Boden aufgemalten Buchstaben und gehen die Form nach bzw. fahren sie mit der Hand nach. L. läßt partnerweise eine Schablone aussuchen und erklärt die Aufgabenstellung. Sch. malen nach Schablonen "U" oder "H" und zeigen das Ergebnis. Sch. erklären (Wiederholung) den Druckvorgang und suchen die entsprechenden Farben (weiß und grün) heraus. L. läßt einen Sch. den Vorgang demonstrieren, andere Sch. verbalisieren und machen es dann ebenso. (15 Min.)	große, gemalte Bildzeichen und zwei nichtzugehörige gemalte Hohlformen auf dem Boden Papp-Schablonen Bleistifte / Filzer / Malpapier schnell trocknende Farben Druckstock (Korken)	Handlungsorientierung; Wahrnehmungsübung; Begriffsfindung Zuordnungsübung; motorisches Prinzip Abstraktionsstufe; Diskriminationsübung Konzentration; feinmotorische Übung Soziales Moment; kognitiver Impuls Handlungsorientierung; Verselbständigung der Sch. Lernen durch Beobachten; Verinnerlichung durch Sprache
Durchführung Sch. drucken, partnerweise arbeitend, die Hohlform der Buchstaben. Fertige Ergebnisse werden gegenseitig gezeigt und benannt. L. gibt Hilfestellung beim Ausschneiden und Aufkleben. Sch. stellen das Bildzeichen fertig.	Scheren, Klebstoff vorbereitete Kartonbögen	Förderung des Sozialverhaltens; Handlungsorientierung Selbstwertgefühl; Individualisierung Einzelförderung Konzentration; gegenseitige Hilfestellung
Festigung Sch. hängen gemeinsam ihre fertigen Produkte an die Tafel. Ordnen Bilder (Fotos) der Einstiegsphase zu den Bildzeichen. Singen abschließend das Lied von der U-Bahn und dem Autobus.	Tafelbild Gitarre	Selbsttätigkeit; soziale Anerkennung Kontrolle und lustvoller Ausklang

4.3 Kurzentwurf – Beispiel 3 „Textiles Gestalten“

Unterrichtsentwurf	Datum: 2.12.91	Zeit: 10.45 – 11.30 Uhr
		Klasse: Oberstufe
Name: Erika John		Schüler: 4 Mädchen /
Schule		3 Jungen (5 türkische
Unterrichtsbereich:	Textiles Gestalten	SchülerInnen)

Projektthema:	„Andere Länder – andere Bräuche“ Wir bereiten den Nikolaustag vor
Thema der UE:	Klassenschmuck aus Filz und Wolle – „Nikolausmasken“ (Kordeln drehen und Nachlegen rundverlaufender Linien), 1 Doppelstunde – „Nikolaussack“ als Adventskalender (Gemeinschaftsarbeit)
Thema der Stunde:	„Pantoffeln“ für den Nikolaustag
Stundenziel:	Die SchülerInnen sollen rundverlaufende Linien an Filz und Karton nachschneiden und die Einzelteile zu einem Pantoffel zusammenfügen können, in dem sie – aufgezeichnete rundverlaufende Linien mit dem Finger nachfahren, – dieselben Formen aus dem Material (Karton und Filz) mit Scheren ausschneiden und – die Teile „Sohle“ und „Oberteil“ mit Klebstoff verbinden
Ziel für Bianca:	B. soll unter Mitführung der Schere Filz nachschneiden und zwei Teile mit Hilfe zu einem Pantoffel zusammenfügen können, indem sie – Materialien (Karton und Filz) abtastet, – beim Schneidevorgang die Handmotorik der Bewegung anpaßt, mit den Augen den Vorgang fixiert und – abschließend den fertigen Pantoffel mit „selbständig“ geschnittenen Filzflicken beklebt (geringe Hilfestellung).

Hinweise: Absprache und Durchführung mit der PU, die gezielt und in phasenweiser Einzelförderung Bianca, aber auch anderen SchülerInnen, insbesondere während des Klebevorganges, betreut. Der Klebevorgang erfolgt in Partnerarbeit. Für drei andere SchülerInnen sind die „Sohlen“ bereits ausgeschnitten; die leistungsstärkste Schülerin erhält Schablonen, um sich selbst die Einzelteile aufzeichnen zu können (Binnendifferenzierung).

Die Unterrichtseinheit entspricht thematisch der im nachfolgenden aufgeführten Übersichtsskizze und kann hier erweiternd für den Bereich Werken/Textiles Gestalten hinzugezogen werden.

Geplanter Unterrichtsverlauf	Medien	Didaktisch-methodischer Kommentar
Einstieg L. äußert Freude in Erwartung des "6.12.". Über Frage, was Kinder dann Besonderes machen, Gespräch über "Schuhe", die herausgestellt werden. Ansehen, Abtasten und Benennen unterschiedlicher Schuhe, u.a. Pantoffeln. Wir sehen einen Pantoffel an, den heute jeder von Euch selbst für den Nikolaustag herstellen wird. (5 Min.)	Tafelbild Datum und Nikolausbild 4 unterschiedliche Schuharten Pantoffel-Modell zum Auseinandernehmen	Emotionale Einstimmung Dilek/Melanie fixieren richtiges Datum an der Tafel Sprachanlaß, Diskriminationsübung Begriffsfindung Wahrnehmungstraining Tastübung mit Bianca Aufgabenstellung; Prinzip der Anschauung, ausgehend vom Realobjekt
Erarbeitung Sch. erarbeiten Materialbezeichnung (Filz/Karton), die Begriffe "Sohle" und "Oberteil". Herausfinden des technischen Vorgangs (Schneiden und Kleben) und die Reihenfolge des Arbeitsablaufs anhand von Bild/Montage-Elementen. (10 Min.)	Kartonsohle und Filz-Oberteil Scheren und Klebstoff Arbeitsplan für Tafel	Taktile Übung Handlungsorientierung; kognitiver Impuls; Begriffsfindung Realobjekte; ikonische Ebene; Transparenz des Vorhabens für Sch.; Verselbständigung, Orientierung
Durchführung L. demonstriert jeweils das Schneiden der Sohle, des Oberteils. Gibt Hilfestellung. Sch. schneiden aus. Jeder zeigt abschließend seine Teile des Pantoffels; das ist die Sohle, und das ist das Oberteil. Orientierung am Arbeitsplan. L. demonstriert das Zusammenkleben, Sch. zählen auf, was zu beachten ist. Orientierung auf den Plan durch Sch. Sch. kleben Teile zu Pantoffel zusammen und helfen sich in Partnerarbeit. Gemeinsames Aufräumen. (20 Min.)	Vorgezeichnete Formen auf Filz und Karton, Schablonen, unterschiedliche Scherzen Tafelbild Realobjekt	Lernen am Modell; Binnendifferenzierung; Auswählen von Farben Einzelübungen mit Bianca Zusammenfassung, Begriffswiederholung, soziales Moment der Teilnahme, Einbindung in den Ablauf Lernen durch Beobachten Wiederholung von "Regeln"; Prinzip der Anschauung; Reihenfolgen erkennen; Übung der Handgeschicklichkeit; Sozialverhalten
Zusammenfassung Sch. zeigen sich gegenseitig fertige Pantoffeln und hängen sie (bis zum Nikolaustag) an eine farbige Pinnwand. Gemeinsame Wiederholung des Arbeitsablaufs anhand des Arbeitsplans. - L. äußert seine Anerkennung. (10 Min.)	Eigene Arbeiten der Sch. Fotokarton	Gemeinsames Erleben; Teilnahme zwischen Sch.; Selbstwertgefühl Festigung und symbolische Ebene (Dilek); Verbalisierung des Handlungsablaufs als Ausklang

4.4 Kurzentwurf – Beispiel 4

Unterrichtsentwurf	Datum: 6.5.91	Zeit: 10.00 – 11.30 Uhr (1 Doppelstunde)
Name: Erika John		Klasse: Abschlußstufe
Schule		Schüler: 2 Mädchen /
Unterrichtsbereich:	Werken	4 Jungen

Projektthema: Garten – Kräuter im Garten und in der Natur

Thema der UE: Eine Blumen- und Kräuterpresse

Thema der Stunde: Wir stellen eine Blumen- und Kräuterpresse aus Holz her

Stundenziel: Die SchülerInnen können eine Blumen- und Kräuterpresse herstellen, indem sie
- die Arbeitsschritte nach einem Arbeitsplan (Bilder-Wand-Zeitung) in richtiger Reihenfolge ausführen,
- das Holz abmessen (25 x 25 cm), sägen (Gährungssäge) und schmirgeln,
- Löcher einzeichnen (Schablone) und durchbohren (Bohrmaschine) und
- die beiden Holzteile mit Flügelschrauben verbinden.

Stundenziel für Nicole: ... s.o. ..., indem sie
- die Werkzeuge und Materialien, das Holz taktil erfährt,
- mit Handführung sägt, die Vibrationen wahrnimmt und mit Handführung schmirgelt,
- Löcher abtastet und mit Hilfestellung Flügelschrauben einsetzt.

Hinweise: Neben PU und Lehrer wird eine Praktikantin für individuelle Hilfestellungen zusätzlich hinzugezogen. Besondere Schwerpunkte sind kooperative Zusammenarbeit der SchülerInnen; Nicole wird an allen Arbeitsschritten weitestmöglich beteiligt und vielsinnig einbezogen (Riechen, Tasten, Hören, Körpervibrationen, Ansehen, Beobachten, Schmirgeln).

Geplanter Unterrichtsverlauf	Medien	Didaktisch-methodischer Kommentar
Einstieg L. legt gepreßte Blume auf den Tisch und läßt den Begriff "pressen" durch Zusammenpressen der Hände (Sch. und L.) und durch zwei Holzplatten, die er aneinanderpreßt, erfahren. L. zeigt anschließend "seine" Blumenpresse, läßt sie beschreiben und nennt das Vorhaben. (5 Min.)	Gepreßte Blume auf rotem Karton Holzplatten Blumenpresse	Erweckung der Neugierde; kognitiver Impuls; sinnliche Erfahrung Festigung des Begriffs; Motivation Materialbegriffe; Thema des Vorhabens
Erarbeitung Vielsinnige Erarbeitung des Materials und anschließende Erarbeitung des Vorgehens anhand der Wandzeitung (Arbeitsplan). L. demonstriert mit Nicole den ersten Arbeitsschritt (Messen) und läßt Sch. in Partnerarbeit nachvollziehen.	Holzlatten, Realobjekte Arbeitsplan, Wandzeitung Zollstock, Bleistift	Wahrnehmungstraining über Tasten, Riechen, Ansehen. Festigung der Begriffe; Transparenz des Vorhaben; Orientierung am Arbeitsplan Lernen durch Anschauung und Beobachtung
Durchführung Die weiteren Arbeitsschritte (Sägen) werden an drei Arbeitsplätzen mit jeweils einem anleitenden Pädagogen durchgeführt. Die Sch. arbeiten anhand des verständlich gewordenen Arbeitsplanes in Partnerarbeit. Nach jedem Arbeitsschritt werden die Ergebnisse gezeigt und Probleme aufgegriffen. Das Bohren der Löcher wird an einem zentralen Arbeitsplatz durchgeführt. Die Sch. beobachten jeweils das Schülerpaar, das gerade die Bohrmaschine bedient, erklären den Handlungsablauf und machen es dann nach. L. läßt Sch. jeweils 4 Schrauben abzählen und fordert einen Sch. auf, die beiden Holzteile zu verbinden. Die anderen Sch. beobachten und machen es dann ebenso. Aufräumen der Arbeitsplätze.	Gährungssäge Arbeitsplan Bohrmaschine, Schablonen Bleistift Flügelschrauben Besen/Handfeger	Übersichtliche Strukturierung; Partnerarbeit zur Verbesserung des Sozialverhaltens; Verselbständigung; gegenseitige Wertschätzung; Sprachanlässe Zählübung in funktionalen Zusammenhängen; feinmotorische Übung Verselbständigung Gute Gewohnheiten werden selbstverständlich
Festigung und Zusammenfassung Sch. gehen an die Arbeitsplätze und zeigen gegenseitig ihre Arbeiten. Der Arbeitsablauf wird anhand des Arbeitsplans kurz zusammengefaßt und anhand des letzten Bildes (Gestalten / Bemalen der Presse) auf die nächste Stunde hingewiesen. Päd. äußern Anerkennung und Wertschätzung hinsichtlich der aktiven Zusammenarbeit. L. verteilt für die Arbeit in der Klasse Arbeitsblätter (Bildfolge des Arbeitsablaufs) für Arbeitsmappen "Werken".	fertige Pressen Arbeitsplan Arbeitsblätter Arbeitsmappen	Selbsteinschätzung; gegenseitige Teilnahme; Verbalisierung Kognitive Festlegung Überblick; Freude auf die folgende Stunde initiieren Festigung; Selbstwertgefühl

4.5 Projektübersichten

Unterrichtsbereich: Bildnerisches Gestalten, AG – Fotowerkstatt
UE: ... und das sind unsere Lehrer/innen
- Wir sammeln Fotos und Sprüche für eine Collage
- Wir fotografieren Lehrer/innen in ihrer, von ihnen gestellten „typischen" Bewegung mit eigenem Kommentar dazu
- Wir stellen das Material zusammen (Collage) und verkleinern das Ergebnis für die Zeitung (Gang zum Kopierladen)

Unterrichtsbereich: Spracherziehung, Lesen und Schreiben, Bildnerisches Gestalten
UE: Das mache ich am liebsten in der Schule (Schüler werden befragt)
- Wir interviewen und nehmen Schüler auf (Cassette)
- Wir stellen die Lieblingsbeschäftigungen unserer Mitschüler dar. (Texte mit Streubildern, Fotos, Zeichnungen, Collagen/ Montagen)

Unterrichtsbereich: Bildnerisches Gestalten
UE: Gestaltung der Titelseite (Berücksichtigung werbewirksamer Aspekte)
- Sammeln von Kriterien die unsere Zeitung attraktiv macht (Auswertung von ähnlichen „Aufmachern")
- Herstellung von Entwürfen (Collagen u. Fotomontagen)
- Eine Jury wertet aus (Meinungsumfrage etc.)
- Fertigstellung der Umschlagseite

PROJEKTÜBERSICHT
Projekt-Thema: Unsere Schulzeitung – Eine Schule stellt sich vor –
Koordination der Durchführung: Lese-Schreib AG
Durchführung: Verschiedene Klassenstufen

Unterrichtsbereich: Lesen und Schreiben (Berücksichtigung der Bereiche Ganzwort-, Signalwort-, Bilderlesen)
UF: So lernen und arbeiten wir (Ausschnitte aus den Schulstufen)
- Exemplarisch ein Stundenplan der Unterstufe (Bilderlesen)
- Die Mittelstufe dokumentiert ihren Ausflugstag (Signalwort- und Ganzwortlesen)
- Zubereitung von Speisen in unserer Lehrküche (Die Oberstufe berichtet)I
- Arbeiten mit Holz (Die Werk- und Abschlußstufe berichten) – ein exemplarischer Arbeitsplatz

Unterrichtsbereich: – Spracherziehung – Lesen und Schreiben
UE: Wer arbeitet, muß gut essen (Interview in unserer Schulküche)
- Zusammenstellen von Fragen (inhaltlich u. reihenfolgemläßig)
- Wir erstellen den Fragebogen und proben das Interview
- Wir interviewen die Küchenfrauen und nehmen das Gespräch auf (Cassettenrecorder)
- Wir tragen die Antworten zusammen und verfassen den Text
- Wir lassen uns von den Küchenfrauen das Rezept für unser Lieblingsessen aufschreiben (Zeitungs-Like)

PROJEKTÜBERSICHT

Projekt-Thema: „Garten“ – Kräuter im Garten und in der Natur –

(s. Kurzentwurf, Beispiel 4 auf S. 216)

Unterrichtsbereich: Zubereitung einfacher Speisen und Getränke
UE: Wir veranstalten eine Tee-Party
- Zubereitung drei verschiedener Kräuter-Quarks (Bild-Wort-Rezept)
- Zubereitung von drei verschiedenen Kräuter-Tees (Bild-Wort-Rezept) zu „Eis-Tee“.
- Durchführung der Fete mit Vorführung des Kräuter-Hexen-Tanzes (s. unten)

Unterrichtsbereich: Lesen und Schreiben
UE: Wir legen eine Bestimmungsmappe an
- Gepreßte Tee-Kräuter in eine Mappe einordnen (mit Folie überziehen) und Wortkarten zuordnen.
- Erkennen erarbeiteter Tee-Sorten, Herausschneiden aus Reformhauszeitung und Vergleichen mit Originalen und Wortkarten
- Ausschneiden von „Kamillen-Tee“, Wortkarte zuordnen und Beschriften der Mappe, Rezept „Kamillen-Tee“ (Bild/Wort) erarbeiten
- Pfefferminz-Tee: Ausschneiden aus Katalog-Zeitung, Tee-Rezept beschriften und erarbeiten wie oben.

Unterrichtsbereicsh: Garten
UE: Wir legen eine Kräuter-Schnecke an
- Ausflug ins Freiland-Labor. Wir sehen uns ein Kräuterbeet und eine Kräuterschnecke an
- Einkauf von Kräutern im Gartencenter nach Wort-Bild-Karten
- Beginn der Arbeiten im Garten (Bilkderlesen-Arbeitsplan) Steine zusammentragen, Erde aufschütten
- Bepflanzen der Schnecke nach Bild-Plan
- Pflege der Kräuterschnecke (Gieß-Plan)

Unterrichtsbereich: Musisch-rhythmische Erziehung
UE: Zaubersprüche udn Kräluter-Hexentanz
- Zaubersprüche – rhythmisiert (mit Rhythmik-Instrumenten) von bekannten Kräutern
- Hexentanz – Erarbeitung des Vorspiels „Einflug der Hexen“
- Vertonung (Sprechgesang) und Begleitung mit Klanginstrumenten. „Die Hexen tanzen“.

Unterrichtsbereich: Werken (mit Holz)
UE: Eine Blumen- und Kräuterpresse
- Pressen von Blumen und Kräutern in Zeitungen und Katalogen: Entstehung der Idee „Eine Presse wollen wir bauen“
- Wir stellen eine Blumen- und Kräuterpresse aus Holz her
- Bemalen und Gestalten der Blumen-Kräuterpresse (abschließend lackieren).
- Wir pressen Kräuter für unsere Bestimmungsmappe.

PROJEKTÜBERSICHT

Projekt-Thema: „Andere Länder – andere Bräuche“
Multikulturelle Gestaltung von religiösen Festen, Volksbräuchen und besonderen Ereignissen
(s. Kurzentwurf, Beispiel 3)
Thematische Einheit: Der Nikolaustag; „In dem Haus vom Nikolaus“

Unterrichtsbereich: Spracherziehung, Bildnerisches Gestalten
UE: Wir erfinden, erzählen und gestalten eine Geschichte zum Thema
- Wir erfinden eine Geschichte zu (Schlüsselworte/Symbole): Maus, Haus, Kinder, Nikolaus
- Wir spielen die Geschichte
- Wir malen die Geschichte als Bildgeschichte und versprachlichen sie
- Wir nehmen die Geschichte als Hörspiel auf

Unterrichtsbereich: Musisch-rhythmische Erziehung
UE: Improvisationsübungen zu „Horch, was kommt von draußen rein ...“ (geänderte Textstellen)
- Sprechkanon mit körpereigener rhythmischer Begleitung (Einführung Text unter Einbeziehung türkischer Sprachsequenzen)
- Erarbeitung der Liedform unter Hinzuziehung einfacher Instrumente (Glocken, Schellenkranz, Klanghölzer)
- Verbindung mit einfacher ostinater Begleitung
- Bewegungsspiel zum Inhalt des Textes in Verbindung mit dem Lied.

Unterrichtsbereich: Textiles Gestalten
UE: Klassenschmuck aus Filz und Wolle
- „Nikolausmasken“ (Kordeln drehen und Nachlegen rundverlaufender Linien
- „Nikolaussack“ als Adventskalender (Gemeinschaftsarbeit)
- „Pantoffeln“ für den Nikolaustag

Unterrichtsbereich: Zubereitung einfacher Speisen und Getränke
UE: Wir backen Figuren zur Geschichte. Zubereitung eines Grundteiges (Hefe- oder Mürbeteig) nach Bildrezept
- Wir backen Häuser (Einführung der Teigzubereitung) unter Verwendung verschiedener Häuser-Schablonen
- Wir backen Mäuse (Partnerarbeit) in selbständiger Orientierung an dem Bildrezept
- Wir backen die Kinder und den Nikolaus (Aufteilung in zwei Gruppen) und verzieren die Figuren (bunter Zucker)
- Gemeinschaftsarbeit: Relief aus den Figuren (zum späteren Verzehr gedacht)

Unterrichtsbereich: Bildnerisches Gestalten
UE: Wir schmücken unsere Fenster mit Transparenzen (Häuser bei uns und bei meinen Mitschülern, in der Türkei)
- Wir sehen uns Bilder türkischer und deutscher Häuser an, malen ihre Umrisse auf und schneiden sie aus (farbiger Karton).
- Häuser haben unterschiedliche Fenster und Türen (Gestalten der Fassaden).
- Ausschneiden der Öffnungen und Hinterkleben mit Transparentpapier (Papiermesser/Schere)
- Gemeinschaftsarbeit: Gestalten und Anordnen des Fensterbildes.

Zu den Autorinnen:

Helga Heits, Jahrgang 1951; Sonderschullehrerin seit 1976; Studium für das Lehramt an Grund- und Hauptschulen an der Pädagogischen Hochschule Köln; Aufbaustudium für das Lehramt an Sonderschulen (Fachrichtungen Geistig- und Lernbehindertenpädagogik) an der Abt. für Heilpädagogik, PH Köln; schulpraktische Ausbildung in Berlin, dort Tätigkeit als Sonderschullehrerin an einer Schule für Geistigbehinderte und als Fachseminarleiterin (Fachseminar Musik und Sport an Sonderschulen); Veröffentlichung des Buches „Unterrichtsarbeit an der Schule für Geistigbehinderte" im Jahr 1980; seit 1981 Beschäftigung als Sonderschullehrerin an Schulen für Geistigbehinderte in Niedersachsen; neun Jahre Leiterin eines Fachseminars Geistigbehindertenpädagogik in einen niedersächsischen Ausbildungsseminar; Veröffentlichungen in sonderpädagogischen Fachzeitschriften und Vorträge auf sonderpädagogischen Kongressen.

Erika John, geboren 1947 in Isernhagen/Hannover, studierte in Köln 1972 die Fachrichtungen Geistigbehinderten- und Verhaltensgestörtenpädagogik. Das Referendariat absolvierte sie in Berlin und ist hier seit 1976 an der Schule für Geistigbehinderte in der unterrichtspraktischen Arbeit unterschiedlicher Klassenstufen – insbesondere auch mit schwerstmehrfachbehinderten Schülern – tätig.
Mitarbeit im Rahmen von VHS-Kursen für Behinderte sowie an Konzeptionen für Modellarbeitsplätze in Werkstätten für Behinderte.
Publikation eines praxisorientierten Fachbuches und Veröffentlichungen in Fachzeitschriften.
Mitarbeit und Veröffentlichungen in einer Frauenredaktion und -zeitschrift.
Verschiedene Lehraufträge im Rahmen der Lehrerfortbildung zum Fachbereich Geistigbehindertenpädagogik. Fachseminarleiterin für die zweite Ausbildungsphase von Lehramtsanwärter/innen – Unterricht an Sonderschulen – und Lehrauftrag für die Fachrichtung Geistigbehindertenpädagogik an der Universität Potsdam.